Doc Childre / Deborah Rozman

Verwandle deine Wut

Doc Childre / Deborah Rozman

Verwandle deine Wut

Innere Ausgeglichenheit durch Herzintelligenz®

Aus dem Amerikanischen
von Reinhild Rillig

HERDER

FREIBURG · BASEL · WIEN

Herzintelligenz® ist eine eingetragene Wortmarke der
VAK Verlags GmbH, Kirchzarten bei Freiburg.

Titel der amerikanischen Originalausgabe:
Transforming Anger.
The HeartMath Solution for Letting Go of Rage, Frustration, and Irritation.
New Harbinger Publikations, Inc., Oakland/CA

Die deutsche Ausgabe ist eine leicht gekürzte Fassung
der amerikanischen Originalausgabe.

Gedruckt auf umweltfreundlichem,
chlorfrei gebleichtem Papier

Deutsche Erstausgabe

www.herder.de
Herstellung: fgb · freiburger graphische betriebe 2006
www.fgb.de
Satz: Layoutsatz Kendlinger
Umschlaggestaltung und Konzeption:
R·M·E München / Roland Eschlbeck, Liana Tuchel
Umschlagmotiv: © zefa images
ISBN-13: 978-3-451-28861-6
ISBN-10: 3-451-28861-3

Dieses Buch ist all jenen gewidmet, die versucht haben, ihren Ärger in den Griff zu bekommen, bisher jedoch keinen Erfolg damit hatten. Darüber hinaus ist es für jene, die anderen dabei helfen wollen, ihre Wut zu verwandeln und so neue Fürsorglichkeit und Harmonie in die zwischenmenschlichen Beziehungen zu bringen. Durch eine ehrliche Verbindung mit der Intuition Ihres Herzens können Sie den Verlust persönlicher Kraft unterbinden, der durch Ärger, Frustration und Schuldzuweisungen entsteht. Dadurch wird sichergestellt, dass mehr Frieden, Lebensqualität und Glück in Ihr Leben, das Leben anderer und in Ihr Umfeld eintreten kann.

Inhalt

Dank

„Verwandle deine Wut“ ist das Produkt von mehr als dreißig Jahren Forschung über das, was im Inneren des menschlichen Herzens abläuft. Wissenschaftliche Untersuchungen der Kommunikation zwischen Herz, Gehirn und Körper haben diese Ergebnisse bestätigt. Unsere Anerkennung gilt jenen Forschern, die ein neues Verständnis von der Intelligenz des Herzens in die Wissenschaft einbringen und dazu beitragen, das neue Gebiet der Neurokardiologie zu entwickeln. Wir danken allen, die durch ihre wissenschaftlichen Untersuchungen oder durch die Anwendung der hier vorgestellten Techniken zu diesem Buch beigetragen haben. Sie haben bewiesen, dass Wut nicht nur kontrolliert, sondern sogar zu einer einfühlsamen und effektiven Handlung umgewandelt werden kann. Wir bedanken uns auch bei allen Menschen, die uns ihre persönliche Geschichte der Verwandlung für dieses Buch zur Verfügung gestellt haben. (Die Namen wurden zum Schutz ihrer Privatsphäre geändert.) Unsere Anerkennung gilt jenen Fachleuten im Gesundheitswesen, die bei ihren Patienten mit diesen Techniken arbeiten, um ihnen dabei zu helfen, ihren Ärger umzuwandeln, wenn nichts mehr greift und sie sich hilflos fühlen.

Wir möchten uns ebenso bei all ihren Patienten und jenen Menschen bedanken, die mit Hilfe der Herzintelligenz-Methoden versuchen, sich selbst und anderen bei der Umwandlung ihres Ärgers zu helfen.

Zum Schluss bedanken wir uns bei den Forschern des HeartMath-Instituts Dr. Rollin McCraty, Forschungsdirektor, und der Assistentin Dana Tomasino für ihren Beitrag zur Herausgabe dieses Buches, und bei den Mitarbeitern des HeartMath-Instituts für ihre aufrichtige Eigenarbeit mit diesen Techniken und ihre Verbesserungsvorschläge. Wir danken auch Priscilla Satuckey für ihre redaktionelle Assistenz. Ganz besonderer Dank gilt Matt McKay für die Anregung zu diesem Buch, die aus seiner Anteilnahme und Sensibilität für das Bedürfnis nach „Sofortlösungen" im Bereich des Ärgermanagements erwachsen ist.

Vorwort

Dieses Buch markiert einen bedeutenden Durchbruch in der Behandlung von Ärger und Wut, weil das hier Vorgestellte auf einer neuen Technologie zur Veränderung unseres Innenlebens aufbaut. Die Wurzeln aller großen neuen Entdeckungen reichen bis tief in die Vergangenheit hinein. So wie die Gebrüder Wright von Chanute und Da Vinci, Salk von Pasteur und Jung von den alten Symbollehren inspiriert waren, hat Doc Childre auf eine dreitausend Jahre alte Tradition, die das Herz als Quelle von Weisheit und Kraft betrachtet, zurückgegriffen, um eine radikal neue Behandlungsmethode für emotionale Probleme zu entwickeln.

Childres Herzintelligenz-Konzept ist ein außergewöhnlich effektiver, leicht erlernbarer Weg zu persönlichem innerem Frieden. Das Einzigartige der Herzintelligenz besteht darin, dass nur wenige Stunden Beschäftigung mit den wissenschaftlich erforschten Techniken ausreichen, um emotionale Heilung auf einer Ebene erreichen zu können, die bisher Menschen mit jahrelanger Übung in den großen Traditionen, die auf die Öffnung des Herzens abzielen (Meditation, Yoga, Qigong, etc.), vorbehalten war.

Diese Disziplinen, die in letzter Zeit auch Eingang in die moderne Psychologie gefunden haben, konnten manchen Menschen helfen, aber das Konzept der Herzintelligenz hat einige besondere neue Techniken hinzugefügt, die einen schnelleren Zugang zum Herzen und zur Intuition ermöglichen – selbst dann, wenn man mitten in den Herausforderungen des Alltags steht.

Was mich an der Herzintelligenz zunächst angezogen hatte, war die eindrucksvolle wissenschaftliche Untermauerung ihrer Effektivität. Childre und seine Kollegen unterstützten wichtige Forschungen, die aufzeigen, wie hilfreich die Herzintelligenztechniken sind, um Bluthochdruck, Veränderungen der Herzkranzgefäße, Stresssymptome, Depressionen und Überreaktionen auf Ärger zu reduzieren. Gleichzeitig verbessern sie die Konzentrationsfähigkeit, Produktivität und Lernfähigkeit. Herzintelligenz soll so viel bewirken, dass man meinen könnte, Childre verkaufe ein Quacksalberprodukt. Aber er hat seine Behauptungen immer wieder bewiesen. Kardiologen, Psychologen und Erzieher kommen einfach nicht mehr daran vorbei. Herzintelligenz funktioniert wirklich. Und sie wirkt enorm schnell.

Lassen Sie mich nun zum Thema dieses Buches kommen. Als Spezialist für Ärgermanagement kämpfte ich bei allen Behandlungsmethoden mit einem fundamentalen Problem: Wütende Menschen sind physiologisch so erregt, dass sie dazu neigen, im Moment einer aktuellen Provokation alles zu vergessen, was sie sich zuvor antrainiert haben.

Heutzutage basieren Programme zum Ärgermanagement hauptsächlich auf einer Kombination von Entspannungsmethoden und kognitiver Verhaltenstherapie. Dies wird als die beste Methode erachtet, Menschen dabei zu helfen, ihren Ärger zu beherrschen oder mit ihm umzugehen. Das Ziel der kognitiven Verhaltenstherapie ist es, sich bewusster zu werden, welche Situationen Ärger auslösen, wie Sie selbst diese Situationen einschätzen, welche emotionalen, körperlichen und mentalen Reaktionen Sie zeigen und wie Sie sich in diesen Situationen verhalten. Darüber hinaus bekommen Sie Übungen vermittelt, mit denen Sie Ihr Verhalten ändern können.

Viele Fachleute für den Umgang mit Ärger vermitteln Entspannungstechniken, mit denen Sie sich beruhigen können, während Sie sich Ärger auslösende Situationen vorstellen. Während der Ärgerszene lernen Sie, dem Geschehen gewissermaßen einen neuen Rahmen zu verleihen und so Ihre Wahrnehmung zu verändern und dementsprechend auch Ihre Reaktion. Das Problem jedoch ist, dass sich bei Menschen, die in ihrer Lebensgeschichte sehr viel Ärger angesammelt haben – die viel Energie in diesen Ärger investiert haben –, ein Muster in ihr Gehirn eingegraben hat, das sich nur schwer verändern lässt. Die Geschehnisse der Vergangenheit waren in ihren Augen wirklich so, wie sie von ihnen wahrgenommen wurden. Es mag ihnen vielleicht gelingen, die Situation während einer Therapiestunde oder in einer Selbsthilfegruppe vorübergehend anders zu sehen, aber sobald die entsprechende Ärger auslösende Situation erneut auftritt, übernehmen das alte eingeprägte Muster und der Ärger der Vergangenheit wieder die Regie.

Um diese tief sitzenden Muster zu verändern, bedarf es häufig einer Kraft, die stärker ist als nur Entspannungsübungen oder kognitive Techniken. Es bedarf der Kraft des Herzens.

Was haben wir unter der „Kraft des Herzens“ zu verstehen? Die Forscher John und Beatrice Lacey (1970) haben aufgezeigt, dass das Nervensystem des Herzens dem Gehirn wichtige Informationen übermittelt. Das HeartMath-Institut hat diese Entdeckung einen Schritt weitergeführt und eine außergewöhnliche wechselseitige Beziehung zwischen der „Herzintelligenz“ und den höheren Gehirnfunktionen festgestellt. Es fand heraus, dass negative Emotionen zu einem ungeordneten Herzrhythmus führen, der das emotionale Stressniveau erhöht. Umgekehrt gilt, dass Menschen, die gelernt haben, einen ausgeglichenen, kohärenten Herzrhythmus herzustellen, auch emotional sehr viel ausgeglichener sind.

Das Herzintelligenz-Konzept gibt Ihnen Werkzeuge an die Hand, mit denen Sie Ihre emotionalen Reaktionen verlangsamen können, so dass die alten Muster und Ärgerreflexe Sie nicht länger beherrschen. Und es eröffnet Ihnen eine ganz neue Einstellung anderen Menschen und dem Leben an sich gegenüber. Dieses Buch möchte Sie mit Methoden vertraut machen, die Ihnen die Möglichkeit geben, Ihren Herzschlag zu verändern, wie zum Beispiel die Freeze-Frame-Technik. Mit ihrer Hilfe können Sie auch Ihre Gefühle und Reaktionen auf diese Welt verändern. Die Muster alten Ärgers werden nach und nach durch ein Gefühl der Wertschätzung und des Mitgefühls ersetzt – und durch tiefe intuitive Weisheit.

Die Lösung, die das Herzintelligenz-Konzept anbietet, packt Ihren Ärger an der Wurzel – an der Inkohärenz Ihres Herzschlages. Sie werden befreit, eine Harmonie zu spüren, die Sie bisher wahrscheinlich nur äußerst selten erlebt haben.

Im Bereich des Ärgermanagements haben wir lange nach einer Methode gesucht, die den Körper entspannt und den Geist gleichermaßen beruhigt. Bisher war so etwas nicht greifbar. Mit diesem Buch bekommen Sie nun von Doc Childre und Deborah Rozman einen erprobten Weg gezeigt, mit dem Sie das Brodeln der Wut und das innere Chaos beenden können – einen Weg, über Kränkungen, Verletzungen und Verärgerungen hinwegzukommen. Gemeint ist der Weg des Herzens. Mit überraschender Leichtigkeit wird er Ihr Leben verändern.

Matthew McKay, Ph.D.

Kapitel 1

Warum dieses Buch anders ist

Das Auto in der Nebenspur beschleunigt plötzlich, schert knapp vor Ihnen ein und Sie müssen heftig bremsen, um einen Zusammenstoß zu verhindern; Ihr Herz pocht wild und ein paar kräftige Flüche kommen über Ihre Lippen. Einige Stunden später macht Ihr Kollege bei jeder Akte den gleichen Fehler und Ihre Geduld ist nahezu am Ende. Am gleichen Abend bitten Sie Ihren Partner zum x-ten Male, mehr Zeit füreinander zu schaffen, und er hört Ihnen wieder nicht zu und Ihre Frustration und Ihr Ärger steigern sich stetig.

Wir alle kennen in unserem Alltag solche Situationen und häufig kommt der Ärger zum Ausbruch. Grundsätzlich ist es nicht verkehrt, seinen Ärger zu spüren. Ärger ist eine natürliche menschliche Emotion, die uns anspornen kann, bestimmte Dinge zu tun. Ärger gehört zu den Dingen, die uns Menschen von der Natur mitgegeben wurden, um eine Bedrohung oder einen Angriff abwehren zu können. Er kann jedoch auch eine ganz normale Reaktion sein, wenn wir das grundlegende Vertrauen in andere Menschen verloren haben, denn auch das bedroht unsere Sicherheit und unser Überleben.

Ärger an sich kann uns motivieren, mit den Widrigkeiten des Lebens fertig zu werden; unkontrollierter Ärger jedoch führt zu einem Gefühl von Kontrollverlust. Ärger ist eine mächtige Energie, die Ihren Körper und Geist derart beherrschen kann, dass Sie das Gefühl haben, Sie könnten jederzeit explodieren; stattdessen jedoch unterdrücken Sie diese Energie vielleicht. Und dann braucht nur jemand etwas zu sagen, das eigentlich in keinem Bezug zu Ihnen steht, oder Sie schief anzuschauen und Sie sind davon überzeugt, dass er es auf Sie abgesehen hat. Die gesamte aufgestaute Wut bricht aus Ihnen heraus wie aus einem Vulkan. Dieser Ärger und seine Heftigkeit können anderen Menschen Angst einflößen – möglicherweise sogar Ihnen selbst.

Der Ärger an sich ist nicht das Problem; das Problem liegt vielmehr darin, dass wir nicht wissen, was wir mit dem Gefühl des Ärgers anstellen sollen bzw. dass wir gar nicht verstehen, was diesem Gefühl zugrunde liegt. Ärger kann als Deckmantel für tiefer liegende Gefühle auftreten, wie z. B. Unsicherheit, Schuld, Verletzung, Enttäuschung, Verlegenheit, Eifersucht oder Groll. Diese tiefer liegenden Gefühle bestimmen häufig, ob das Verhalten, das wir in unserem Ärger an den Tag legen, effektiv ist oder ob wir es später bereuen.

Wenn Ihnen Ihr Ärger manchmal zu entgleisen scheint, kann Ihnen dieses Buch neue Hoffnung geben. Sie bekommen neue Werkzeuge an die Hand, mit denen Sie Ihren Ärger so verwandeln können, wie Sie es sich schon immer gewünscht haben, es Ihnen bisher aber noch nicht gelungen ist.

Der Umgang mit dem Ärger

Es gibt zahlreiche Selbsthilfebücher und Therapien zum Thema Stressbewältigung und Ärgerkontrolle. Darunter sind viele gute Programme. Vielleicht haben Sie es bereits mit Entspannungs- oder Atemtechniken versucht, mit Auszeiten experimentiert, „kognitives Reframing“ angewendet, Gebete gesprochen, Beratungsgespräche geführt, Gruppentherapien und weitere Methoden ausprobiert, um mit Ihrem Ärger zurechtzukommen. Wenn es Ihnen jedoch genau so ergeht wie Millionen anderer Menschen, waren Sie bisher trotz alldem nicht in der Lage, eine Ärgerkontrolle einzuüben, die dauerhaft wirkt. Dafür gibt es gute Gründe und Sie müssen sich deshalb nicht schlecht fühlen. Menschen sind unterschiedlich beschaffen. Vielleicht fällt es Ihnen schwer, sich in der Hitze des Gefechts an kognitive Techniken zu erinnern; Sie sind blockiert und in Ihrem Gehirn herrscht totale Leere. Oder vielleicht haben Sie das Gefühl, so viele unterschiedliche Werkzeuge zur Ärgerbewältigung zur Verfügung zu haben, dass Sie innerlich „überfüllt" und letztlich vom vielen Ausprobieren völlig erschöpft sind. Schließlich haben Sie ja hart daran gearbeitet, Ihren Ärger zu kontrollieren.

Wir wissen, dass Sie sich wegen Ihres Ärgers manchmal furchtbar schlecht gefühlt haben. Möglicherweise hat er Ihre Beziehungen, Ihre Arbeit oder Ihre Gesundheit beeinträchtigt und Sie viel von Ihrem persönlichen Glück gekostet. Unabhängig von dem, was Sie bisher ausprobiert haben, werden Sie herausfinden, dass die Methoden dieses Buches wirksam und einfach in der Anwendung sind. Sie sind effektiv, weil sie unmittelbar aus dem Herzen kommen – aus Ihrem Herzen. Sie können diese Methoden einzeln anwenden oder kombiniert mit anderen Techniken, die Ihnen bereits geholfen haben, um deren Wirksamkeit noch zu verstärken. Mit ihrer Hilfe können sie sich sogar Ihr kreatives Potenzial in anderen Bereichen Ihres Lebens erschließen.

Dieses Buch möchte Ihnen einige Aspekte vermitteln, die Ihnen für das Verständnis Ihres eigenen Ärgers und des Ärgers anderer Menschen bisher gefehlt haben. Es wird Ihnen zeigen, wie Sie ein bisher ungenutztes inneres Kraftreservoir anzapfen können, um Dinge zu tun, die Ihnen bisher unmöglich waren, und sie in viel kürzerer Zeit zu bewerkstelligen als Sie je gedacht hätten. „Verwandle deine Wut“ beruht auf fundierten neuen wissenschaftlichen Erkenntnissen und die Wirksamkeit der hier vorgestellten Methode ist durch viele Beweise und Untersuchungen belegt. Sie werden Geschichten von Menschen erfahren, denen es ähnlich ergangen ist wie Ihnen und die die hier vorgestellten einfachen, wissenschaftlichen Methoden nicht nur dazu benutzt haben, ihre Wut, ihre Frustration oder Verärgerung in den Griff zu bekommen, sondern sogar, um sich gänzlich davon zu befreien. Sie werden erkennen, warum viele Menschen schließlich gesagt haben: „Endlich gibt es einmal etwas, was bei Ärger wirklich hilft.“

Die Technologie des Herzens

„Verwandle deine Wut“ baut auf einer inneren Technologie auf, die Sie tief in Ihr eigenes Herz führt. Sie bewirkt, dass Herz, Geist, Emotionen und Nervensystem in Einklang kommen. Diese innere Technologie, die wir Herzintelligenz nennen, wurde im Verlauf von dreißig Jahren entwickelt und in zwölf Jahren wissenschaftlicher Begleitforschung am HeartMath-Institut bestätigt, das in der Erforschung von Stress, Leistungsfähigkeit und den darauf bezogenen Interventionen als führend gilt.

Wissenschaftler gingen lange davon aus, dass Emotionen ein rein mentaler Ausdruck seien, der allein vom Gehirn erzeugt wird. Inzwischen wissen wir, dass dies nicht stimmt; Emotionen haben mit dem Körper ebenso viel zu tun wie mit dem Gehirn. Darüber hinaus hat man herausgefunden, dass unter allen körperlichen Systemen dem Herzen eine besonders wichtige Rolle für die emotionale Erfahrung zukommt.

In diesem Buch stellen wir Ihnen ein Modell der Emotionen vor, das auch das Herz mit einschließt und es – gemeinsam mit Gehirn, Nerven- und Hormonsystem – als grundlegenden Bestandteil eines dynamischen, interaktiven Netzwerkes sieht, das für die emotionalen Erfahrungen verantwortlich ist. Wir zeigen Ihnen, wie Sie Zugriff zu diesem Netzwerk bekommen, um Ihre emotionalen Erfahrungen verändern zu können.

Während der letzten zwanzig Jahre hat sich bei den Neurokardiologen die Überzeugung durchgesetzt, dass das Herz nicht nur ein Muskel ist, sondern auch ein Sinnesorgan und ein hochentwickeltes Zentrum zur Informationsspeicherung und Informationsverarbeitung. Das Herz besitzt sein eigenes internes Nervensystem, das als „Gehirn des Herzens" bezeichnet wird (Armour und Ardell 1994). Es versetzt das Herz in die Lage, zu empfinden, zu lernen, sich zu erinnern und funktionelle Entscheidungen unabhängig vom „Kopfgehirn" zu treffen.

In den frühen 1990er-Jahren gab es bahnbrechende Untersuchungen am HeartMath-Institut, in denen eine entscheidende Verbindung zwischen Emotionen und Herzrhythmus nachgewiesen werden konnte. Diese Forschungsarbeiten lieferten Beweise dafür, dass das physische Herz ein Teil des emotionalen Systems ist und dass das Herz eine große Rolle spielt bei dem, was wir fühlen und denken (McCraty, Atkinson und Tomasino 2001). Die meisten Menschen verstehen das auf einer intuitiven Ebene sofort. Seit Ewigkeiten haben Dichter, Philosophen und verschiedene Religionen nichts anderes gesagt. Aber erst durch die Errungenschaften der modernen Technologien sind wir in der Lage, auf einem Computerbildschirm zu verfolgen, wie sich das Muster unseres Herzrhythmus verändert, wenn sich unsere Gefühle ändern. Damit haben wir ein Fenster zu unserem Herzen bekommen.

Der nächste Durchbruch am HeartMath-Institut betraf die Entdeckung, dass ganz normale Menschen sehr leicht lernen können, ihren Herzrhythmus zu verändern und ihre Emotionen schnell wieder ins Gleichgewicht zu bringen. Tun sie das, geschieht etwas Außergewöhnliches. Ihre Gefühle und ihre Wahrnehmungen verändern sich. Sie befreien sich von alten emotionalen Mustern.

Das Gehirn arbeitet als ein komplexes System, das Muster vergleicht und zusammenfügt. Aufgrund früherer Erfahrungen baut es einen Satz verschiedener Muster in unsere neuronale Struktur ein und prüft dann, ob neue Erfahrungen diesen Mustern entsprechen oder nicht (Pribram und Melges 1969). Tiller, McCraty und Atkinson entdeckten 1996, dass sich Emotionen im Herzrhythmus widerspiegeln. Störende Emotionen (wie zum Beispiel Verärgerungen, Frustrationen und Zorn) führen zu einem ungeordneteren und inkohärenten Muster. Positive Emotionen dagegen (wie zum Beispiel Wertschätzung, Anteilnahme, Mitgefühl und Liebe) erzeugen ein geordneteres und kohärentes Muster im Herzrhythmus. Das Gehirn überwacht und interpretiert das Herzrhythmusmuster. Es vergleicht ein Muster, das ihm vom Herzen übermittelt wird, mit den Mustern, die es bereits gespeichert hat und löst häufig aufgrund einer Übereinstimmung der Muster eine Emotion aus. Wenn Sie zum Beispiel die Angewohnheit haben, sich leicht zu ärgern, wird ein inkohärentes Herzrhythmusmuster als vertraute Reaktion auf Inkohärenz in der Regel Ärger auslösen.

Forscher haben herausgefunden, dass Werkzeuge und Techniken, mit deren Hilfe Sie Ihren Herzrhythmus so verändern können, dass er kohärenter wird, dem Gehirn ermöglichen, ein passenderes positives Gefühl zu finden. Liebe und andere positive Emotionen, die mit ihr verwandt sind, führen nicht nur zu mehr Kohärenz im Herzrhythmus, sondern verbessern darüber hinaus auch die Synchronisation zwischen Herz und Gehirn, wodurch wiederum größere mentale Klarheit und bessere kognitive Leistungen erreicht werden (McCraty 2002b).

Das Herz verschafft uns Menschen einen einzigartigen Zugang zu der Möglichkeit, einen Großteil unserer Reaktionsweisen zu steuern. Wenn Sie die Kontrolle über Ihren eigenen Herzrhythmus erlernen, sind Sie zum eigentlichen Kernstück der Ärgerkontrolle vorgedrungen. Letztlich geht es hierbei um Selbstbestimmung und persönliches Wachstum. Sie bekommen einen Zugriff zu einer inneren Kraftquelle und Intelligenz, die sich Ihnen bisher vielleicht nur unbewusst oder nur gelegentlich erschlossen hat. Das Herz ist so stark – die von ihm erzeugte Amplitude ist sechzigfach stärker als der elektrische Ausschlag des Gehirns –, dass es Ihr Gehirn, Ihr Nervensystem und Ihre Emotionen in seinen kohärenten Rhythmus hineinziehen kann und dadurch einen größeren Teil Ihrer eigenen angeborenen Intelligenz freisetzt.

Dieses Buch will Ihnen mit Hilfe von Techniken der Herzintelligenz zeigen, wie Sie bei Bedarf mehr Kohärenz in Ihren Herzrhythmus bringen können. Je länger Sie diese Techniken anwenden, desto häufiger werden Sie mit einem „Aha"-Erlebnis Dinge verstehen und größere mentale Klarheit erleben. Die Herzintelligenz-Methoden funktionieren bei jedem, der sie ernsthaft praktiziert. Erwachsene, die bereits eine lange Geschichte unkontrollierten Ärgers hinter sich haben, leicht zu frustrierende Kinder, Teenager mit ihren wechselnden Stimmungen und Hormonen in Aufruhr – sie alle haben die Kraft des Herzens eingesetzt, um mitten in einer wütenden Reaktion ihre Gefühle und Wahrnehmungen zu verändern. Viele von ihnen waren überrascht, wie schnell die Werkzeuge und Techniken der Herzintelligenz wirken.

Wenn Sie sich in dem üben, was Ihnen von der Herzintelligenz zur Verfügung gestellt wird, lernen Sie, auf intelligente und neue Art zu lieben und Anteil zu nehmen. Man wird deshalb nicht auf Ihnen herumtrampeln. Sie werden dadurch auch nicht naiv werden oder vor den Ansprüchen der anderen kapitulieren. Sie werden vielmehr klar und zentriert werden und erkennen, was für Sie und andere das Beste ist. Tief im eigenen Herzen besitzt jeder Mensch diese Art der zentrierten Liebe; es bedarf jedoch einiger Übung, um sich mit ihr verbinden zu können. Sie beginnen das Leben realistisch und hoffnungsvoll zu betrachten, ohne übertrieben idealistisch zu sein.

Eine intelligente Art von Liebe

Der schnellste Weg, eine größere Kohärenz in Ihren Herzrhythmus zu bringen, besteht darin, mehr Liebe und Anteilnahme zu empfinden. Wodurch kann das erreicht werden? Indem man Liebe hinzufügt. Nicht die kitschige Liebe, an die Sie vielleicht denken, sondern eine ganz andere Art der Liebe. Eine *intelligente* Liebe, die zugleich eine sachliche und vernünftige Qualität aufweist. Sie äußert sich in einer Haltung der Wertschätzung, Anteilnahme oder des Mitgefühls. Oder in dem ernsthaften Bemühen, sich im Herzen zu zentrieren und eine liebevolle Haltung anzunehmen.

„Verwandle deine Wut" fordert Sie auf, intelligent zu lieben. Das Konzept dieses Buches verlangt von Ihnen, inmitten eines Ärgers, einer Frustration oder einer Wut bewusst lieben zu wollen, weil Sie dadurch Ihr System wieder ins Gleichgewicht bringen. Die Fähigkeit zu lieben schlummert in Ihnen und wartet nur darauf, dass Sie auf sie zurückgreifen. Ihre innere Einstellung macht den entscheidenden Unterschied. Zu lernen, im richtigen Augenblick

Ihre Einstellung zu verändern – nämlich genau dann, wenn Sie spüren, wie der Ärger automatisch angestachelt wird, wenn dieser Adrenalinstoß auftaucht, oder sogar dann, wenn die Wut bereits auflodert –, ist der Ansatzpunkt dieses Buches. Die Werkzeuge der Herzintelligenz ermöglichen Ihnen Zugang zu Ihrem Herzen. So können Sie Ihre Einstellungen und Wahrnehmungen verändern, um die Dinge in einem weiteren Rahmen zu sehen. Sie werden ein neues Verständnis für Ihren Ärger gewinnen und die Kraft bekommen, ihn zu verwandeln.

Die Ziele, die Sie mit Hilfe dieses Buches erreichen können, sind
- besser zu verstehen, wie und warum der Ärger immer wieder zu Ihrem Alltag gehört,
- zu verstehen, wie Ärger in Ihrem Körper ausgelöst wird und wie der Körper auf Ärger reagiert,
- hochwirksame Werkzeuge und Techniken zu erlernen und einzusetzen, die zu Kohärenz führen und es ermöglichen, den Ärger loszulassen,
- neue Lösungen für Situationen zu finden, in denen Ärger mit im Spiel ist, und diese dann auch umzusetzen.

Durch entsprechende Übung können Sie mit Hilfe der Werkzeuge und Techniken Ihren Ärger für immer verwandeln. Sie können lernen, die Kraft Ihres Herzens in Anspruch zu nehmen, um die Reaktionen Ihres Körpers auf Stress zu verändern. Mit Hilfe Ihrer Herzenskraft können Sie eine selbsterzeugte neue Hoffnung entwickeln, dass es Ihnen gelingt, Wut, Frustration und Zorn loszulassen. Die Kraft dafür, Ihren Ärger zu verstehen und umzuwandeln, liegt in Ihnen und Sie werden sie finden, wenn Sie danach graben. Diese Kraft zu nutzen ist eines der größten Geschenke, das Sie sich selbst jemals machen können. Sie werden einen großen Schritt nach vorne tun, was Ihre Möglichkeiten angeht, sich selbst zu helfen. Das ist auch der Grund dafür, dass sich durch eine Veränderung des Herzens alles ändern kann.

Kapitel 2

Warum werden wir immer wieder so sauer?

In der heutigen Welt gibt es immer mehr Menschen, die sauer sind, und sie werden es immer häufiger. Teenager setzen sich häufiger gegenseitig unter Druck und sind aggressiver, es kommt häufiger zu Kindesmissbrauch, Gewalt in der Ehe nimmt zu, der Ärger am Arbeitsplatz steigt ebenso wie die Wut im Straßenverkehr. Für all das gibt es naheliegende Gründe.

Die Stressfaktoren nehmen zu. Die Zukunft ist unberechenbarer geworden. In einer 2002 durchgeführten Umfrage sagten nahezu die Hälfte aller Amerikaner, dass sich die Spannungen, unter denen sie litten, im vergangenen Jahr verschlimmert hätten, und mehr als Dreiviertel der Befragten gaben an, die Bewältigung von Stress sei „eine Herausforderung". Fast die Hälfte der Befragten geht inzwischen davon aus, dass es „ganz normal" ist, gestresst oder angespannt zu sein.

Zudem wird das Leben immer schneller. Man muss mit so vielem Schritt halten. In dem Maß, in dem sich das Leben beschleunigt, beschleunigen sich auch Ihre emotionalen Reaktionen. Wenn Sie dazu neigen, wütend zu werden, werden Sie es immer schneller. In der bereits erwähnten Umfrage gaben volle 81 Prozent der Amerikaner an, im Umgang mit anderen Menschen ungeduldiger geworden zu sein, und 41 Prozent gaben zu, dass sie anderen gegenüber in der Regel unbeherrscht und reizbar sind, wenn sie unter Stress stehen. Reizbarkeit und Stress kann Sie krank machen. Stress kann die Ursache für Kopfschmerzen, unregelmäßigen Herzschlag oder Verspannungen im Bereich des Rückens, der Brust oder des Kiefergelenks sein. Fühlt man sich unwohl, reagiert man vielleicht sogar noch leichter gereizt.

Das amerikanische Institut für Stressforschung schätzt, dass 75 bis 90 Prozent der Arztbesuche aufgrund stressbedingter Beschwerden stattfinden. Forschungsergebnisse weisen darauf hin, dass psychologischer Stress, zu dem auch Ärger, Angst und Depressionen gehören, gute Hinweisindikatoren für einen hohen Blutdruck sind, und man schätzt, dass heute jeder zehnte Deutsche unter Bluthochdruck leidet. Unzählige Studien sehen eine Verbindung zwischen Herzkrankheiten und plötzlichem Herzstillstand einerseits und Zorn und Ärger, Feindseligkeit und Aggressivität, Nervosität, Angst und Depression andererseits. Diese Studien legen die Vermutung nahe, dass die Akkumulation von Stress, die durch chronisch negative Emotionen und Einstellungen verursacht wird, zu einem erheblichen Prozentsatz für die Zahl der Herzinfarkte und plötzlichen Herztode verantwortlich ist.

Die amerikanische Vereinigung der Kinderärzte hat im Jahr 2002 geschätzt, dass jedes fünfte Kind in den Vereinigten Staaten psychosoziale Probleme hat, die mit Stress im Zusammenhang stehen; verglichen damit war es 1979 nur jedes vierzehnte Kind (Kelleher et al. 2000). Nervöse, wütende Kinder bekommen zunehmend das Etikett einer Aufmerksamkeitsstörung aufgedrückt oder werden als hyperaktiv abgestempelt, und immer mehr Kinder bekommen inzwischen psychotrope Substanzen verordnet, wie zum Beispiel Ritalin, um sich besser konzentrieren zu können, ruhiger zu werden und sich in der Schule unauffällig zu verhalten.

Das Ärgerumfeld

Falls die Belastungen des modernen Lebens allein noch kein ausreichender Grund für unsere zunehmende Verärgerung sind, sollten wir uns nur einmal das Ausmaß des Ärgers in unserem Umfeld anschauen. Wenn Sie über die Gründe Ihrer wachsenden Bereitschaft zum Ärger nachdenken, ist es wichtig, mit einzubeziehen, dass auf dem gesamten Erdball jede Menge Ärger empfunden und ausgedrückt wird. Durch die Medien werden wir unaufhörlich damit konfrontiert: durch Fernsehen, Filme, Videospiele, Musik, Zeitschriften und das Internet. Dadurch entsteht ein Ärgerumfeld, das manche Menschen dazu verleitet, schneller als gewöhnlich in die Luft zu gehen. Es gibt so etwas wie emotionale Telepathie, d. h. man fängt unbewusst die Stimmungen anderer Menschen auf, sei es im eigenen Zuhause, am Arbeitsplatz oder in Schulen, oder sei es die Stimmung einer ganzen Kultur, die unterschwellig immer in der Luft liegt.

Im Folgenden ein Beispiel dafür, wie emotionale Telepathie funktioniert: Sie werden von einem Verwandten zum Abendessen eingeladen, möchten aber überhaupt nicht mehr dorthin gehen, weil sich die Familie immer anschreit und miteinander streitet und Sie jedes Mal mit hineingezogen werden. Sie schaffen es einfach nicht, sich herauszuhalten. In anderen Familien oder Situationen sind Sie längst nicht so reizbar, aber hier werden sie schnell wütend, weil sich das negative Umfeld so stark auf Sie auswirkt. Negative Umgebungen wirken wie elektromagnetische Felder. Sie üben einen Sog auf jeden aus, der dort hineinkommt. Wenn Sie in solch ein negatives Umfeld hineingeraten, steigt die Wahrscheinlichkeit, dass Sie sich zu wütenden Reaktionen verleiten lassen, sich auf die Hinterbeine stellen und reizbar und trotzig werden.

Ein weiteres Beispiel: Zwei Personen unterhalten sich am Arbeitsplatz und der eine sagt so etwas wie: „Bist du in das Zimmer hineingegangen?“ Der andere antwortet: „Nein, ich habe einen Schritt hineingemacht und mich sofort wieder umgedreht. Die Luft darin war so dick, dass man sie mit dem Messer hätte schneiden können.“ Der Raum war mit so starken negativen Energien gefüllt, dass beide Personen befürchteten, davon mitgerissen zu werden.

Wenn Sie den Eindruck haben, dass Sie gegenwärtig leichter wütend werden als früher, könnte es Ihnen helfen, sich klar zu machen, dass es nicht nur Ihnen so ergeht. Immer mehr Menschen reagieren wütend aufgrund des Ärgerumfeldes, das sie umgibt. Je mehr Ärger in der Welt existiert, desto anfälliger werden Menschen für den magnetischen Sog der entsprechenden Reaktionsbereitschaft. Wenn Sie Ihre Wut verwandeln wollen, ist es daher wichtig, zu erkennen, welchem emotionalen Umfeld Sie sich jeweils gerade aussetzen. Versuchen Sie herauszufinden, in welchen Situationen Sie schneller „hochgehen“, weil das Umfeld mit Stress und Negativität geladen ist. Viele Situationen gleichen emotionalen Minenfeldern. Am Arbeitsplatz meckert eine Person über eine andere und schon werden alle anderen mit hineingezogen. Oder daheim, wo zuerst der Vater wütend wird, die Kinder entsprechend darauf reagieren und die Mutter schließlich noch nachzieht.

Die Tatsache, dass wir in einer Welt voller Ärger leben, entbindet uns nicht von der Verantwortung, unsere eigenen Emotionen in den Griff zu bekommen. Sie hilft uns nur zu verstehen, warum es so viel schwieriger geworden ist, unseren Ärger zu kontrollieren. Wir sollten immer noch alles in unserer Macht Stehende tun, um selbst so wenig wie möglich zu diesem Ärgerumfeld beizutragen.

Psychologen empfehlen eindringlich, das Fernsehen abzuschalten und schlimme Nachrichten nicht zum wiederholten Male anzuschauen, weil der Ärger und die Ängste in uns dadurch nur neue Nahrung erhalten. Und doch schaffen es viele Menschen nicht, sich davon loszureißen und bleiben wütend und depressiv – selbst diejenigen, die intuitiv wissen, dass sie damit aufhören sollten.

Bei der Umwandlung des Ärgers gilt es also als Erstes, sich klar zu machen, dass man mit seinem Ärger nicht alleine dasteht. Die zweite Überlegung gilt der Frage, ob Sie sich den Ärger anderer Menschen zu eigen gemacht haben. Wie oft lassen Sie sich in einen Ärger hineinziehen? Wie häufig tragen Sie dazu bei, dass sich ein Ärgerumfeld noch verstärkt? Ein Großteil des Ärgers entsteht, weil man etwas als unfair ansieht, als zu Unrecht geschehen, oder weil man sich missverstanden fühlt oder nicht das bekommen hat, was man gerne gehabt hätte oder braucht. Wenn eine Person einmal damit anfängt, hängen sich andere mit Sicherheit an. In Kürze wird jeder frustriert sein und Angst haben, seine Bedürfnisse nicht erfüllt zu bekommen, und den anderen die Schuld dafür geben.

Ärger als Gewohnheit

Ein anderer Grund für unseren verstärkten Ärger liegt darin, dass wir in der Vergangenheit so häufig ärgerlich geworden sind. Unser Gehirn hat ein entsprechendes Muster gespeichert und wenn wir ohnehin schon leicht reizbar sind, kann jede Kleinigkeit dieses Ärgermuster wieder auslösen. Unerfüllte Erwartungen; das Gefühl, unfair behandelt worden zu sein; Bedrohung der eigenen Sicherheit oder der Sicherheit von geliebten oder uns anvertrauten Menschen; Bedrohung der persönlichen Überzeugungen;

Bedrohung des Selbstbildes; Ängste davor, dass das Allerschlimmste eintreten könnte – all diese Dinge sind weit verbreitete Auslöser für einen Ärger, die noch verstärkt werden, je häufiger Sie ärgerlich reagieren. Angenommen, Sie neigen zu der Überzeugung, andere Menschen und das Leben seien Ihnen gegenüber unfair oder wollten Ihnen Schaden zufügen. Eine verzerrte Wahrnehmung zieht eine andere verzerrte Wahrnehmung nach sich und Sie werden immer wütender. Manche Menschen werden so gereizt, dass sie eine Ampel oder ein Faxgerät anbrüllen und diesen Objekten die Schuld zuschieben, wenn sie zu spät kommen. Wenn Sie nichts unternehmen, um Kontrolle über Ihre wütenden Reaktionen zu bekommen, ist die Wahrscheinlichkeit hoch, dass Sie in Zukunft aus reiner Gewohnheit heraus wütend reagieren.

Wenn Sie bereits eine lange Geschichte mit Ihrem Ärger hinter sich haben und viel emotionale Energie in diesen Ärger investiert haben, hat Ihr Gehirn ein Muster gespeichert, das schwer wieder aufzubrechen ist. Angenommen, Sie wären als Kind vernachlässigt oder missbraucht worden. Man hätte Ihnen Unrecht getan – warum also sollten Sie kein Recht haben, lebenslang wütend zu sein? Wenn doch schließlich die anderen Menschen für Ihre Wut verantwortlich sind, ändert ein Loslassen des Ärgers auch nichts mehr an dem Unrecht, das Ihnen angetan wurde. Hat sich erst einmal das Gefühl festgesetzt, der eigene Ärger sei berechtigt, passiert es leicht, dass immer noch mehr dazukommt.

Versteckter Unmut ist eine gängige Emotion, die die Gewohnheit aufrechterhält, mit Ärger zu reagieren. Wer anderen grollt, ist unglücklich darüber, dass ihm Unrecht angetan wurde oder er verletzt wurde. Während sich wahrscheinlich jeder Mensch über das geärgert hätte, was geschehen ist, wird Sie der Groll innerlich auffressen, wenn Sie nichts dagegen unternehmen. Menschen oder Gruppen, die einen lang gehegten Groll mit sich herumtragen, geben ihre Macht ständig an die Personen oder Dinge ab, denen sie grollen, ohne die Verantwortung für ihre eigenen Gedanken, Gefühle und Handlungen zu übernehmen. Bedenken Sie nur einmal, wie oft Sie in Gedanken und Worten dieselbe Verletzung und Anschuldigung immer wieder durchkauen. Wenn sich das Gehirn einmal an eine bestimmte Reaktionsweise gewöhnt hat, ist es irgendwann von dieser Reaktion *überzeugt*. Groll ist nur ein Beispiel für eine *emotionale Überzeugung*, die Sie vergangene Erlebnisse unerschütterlich in der Form für wahr halten lässt, wie Sie sie wahrgenommen haben. Emotionale Überzeugungen können aus Ihren persönlichen Erfahrungen der Vergangenheit herrühren oder Ihnen von Ihren Eltern, Freunden oder der Gesellschaft vermittelt worden sein. Durch die starken Emotionen, die Sie investiert haben, sind sie zu einem Teil Ihrer neuronalen Struktur geworden.

Selbst wenn Ihr Verstand weiß, dass schwelender Unmut eine Falle ist, die Sie und Ihren Lieben ständig neuen Schaden zufügt, und dass Sie den Ärger loslassen müssen, um weiterzukommen, werden die gespeicherten emotionalen Überzeugungen nicht lockerlassen. Sie haben Sie im Griff. Das ist nichts Verwerfliches, es ist nur menschlich. Diese gespeicherten emotionalen Überzeugungen sorgen allerdings dafür, dass Sie Situationen, die Sie ärgern, vielleicht nur eingeschränkt wahrnehmen und Ihnen deshalb nur entsprechend begrenzte Reaktionsmöglichkeiten zur Verfügung stehen.

Wenn emotionale Überzeugungen Sie gefangen halten, sehen Sie nur ein eingeschränktes Bild der jeweiligen Situation. Ihr Verstand weiß zwar, dass es ein größeres Bild geben mag, aber emotional wollen Sie ihm das nicht abnehmen. Es ist so, als ob zwei Seelen in Ihrer Brust wohnen würden – die einer rationalen Person, die bereit ist, vorwärts zu gehen, und die einer emotionalen Person, die sich wie ein verletztes Kind fühlt und dementsprechend verhält. Und die Emotionen haben das Sagen. Wie wird Ihre Reaktion höchstwahrscheinlich ausfallen, wenn Sie erfahren, dass eine Kollegin hinter Ihrem Rücken über Sie geredet hat? Sicher nicht mit dem rationalen Gedanken daran, welche Schwierigkeiten sie hat, oder ob das, was Sie gehört haben, überhaupt wahr ist, sondern mit dem berechtigten Ärger und Groll, der sich über Jahre hinweg angesammelt hat. Warum? *Weil Emotionen schneller arbeiten als Gedanken.* Ihr emotionales Selbst ist voll gerüstet und kampfbereit, bevor Ihr mentales Selbst überhaupt dazu kommt, darüber nachzudenken, ob in dieser Situation Ärger angebracht wäre. Aber Sie sind einfach daran gewöhnt, sich als Opfer zu fühlen und wütend zu reagieren. Emotionale Überzeugungen springen blitzschnell an, noch bevor Ihr Verstand überhaupt eine Chance hat, sich an gelernte Strategien zur Ärgerkontrolle zu erinnern. Sie können in der Gewohnheit, ärgerlich zu reagieren, derart gefangen sein, dass Sie andere Entscheidungsmöglichkeiten überhaupt nicht mehr in Erwägung ziehen.

Wenn Sie Ihre Gewohnheit überwinden wollen, mit Ärger zu reagieren, müssen Sie herausfinden, warum Sie so sauer sind. Aus welchen Quellen speist sich Ihr Ärger und welche emotionalen Überzeugungen liegen ihm zugrunde? Die Antworten auf die unten aufgeführten Fragen können Sie dorthin führen. Notieren Sie die Fragen und Antworten auf ein leeres Blatt Papier oder einen Notizblock. Ein Tagebuch über die Umwandlung Ihres Ärgers wäre sinnvoll, um Ihre Fortschritte zu verfolgen und zu würdigen, solange Sie mit diesem Buch arbeiten.

– Stellen Sie fest, bei welchen Gelegenheiten offensichtlicher Ärger in Ihrem häuslichen oder beruflichen Umfeld vorhanden ist. Auf welche Art und Weise werden Sie dadurch beeinflusst?
– Gibt es Situationen (z. B. wenn Sie Nachrichten oder Talkshows im Fernsehen anschauen oder im Zusammensein mit negativ eingestellten Freunden oder Kollegen), in denen Sie eher „hochgehen" als sonst, weil das Umfeld stressiger und negativer ist?
– Bei welchen der nachfolgend aufgeführten Ärgerauslöser reagieren Sie am heftigsten: wenn Ihre Erwartungen unerfüllt bleiben; wenn Sie das Gefühl haben, unfair behandelt worden zu sein; wenn Sie eine Bedrohung fühlen für Ihre eigene Sicherheit oder die Ihrer Lieben oder von Menschen, die Ihnen anvertraut sind; wenn Ihre persönlichen Überzeugungen in Frage gestellt werden; wenn Ihr Selbstbild bedroht wird; wenn Sie das Allerschlimmste befürchten?
– Welche emotionalen Überzeugungen könnten hinter Ihren Ärgerreaktionen stecken? Welche emotionalen Überzeugungen könnten hinter den Ärgerreaktionen anderer Menschen stecken?
– Denken Sie an eine Person, einen Ort oder ein Thema, das den stärksten Ärger oder Groll in Ihnen auslöst. Was an dieser Person oder Situation ärgert Sie am meisten? Welche emotionale Überzeugung steht hinter diesem Ärger?

Wie sich Ärger ausdrückt

Die meisten Menschen kennen zwei verschiedene Möglichkeiten, mit Frustrationen, Ärger und Groll umzugehen: Unterdrücken oder Abreagieren. Wenn Sie zu denjenigen gehören, die sich in der Regel abreagieren, brüllen Sie möglicherweise herum, fluchen, schlagen um sich, zerstören Gegenstände oder dreschen auf Kissen ein. Gehören Sie zu denjenigen, die Ihren Ärger eher unterdrücken, fressen Sie vielleicht Ihre ärgerlichen Gefühle in sich hinein, sagen nichts mehr und schreiben sich selbst die Schuld zu. Manche Menschen benutzen beide Möglichkeiten und können passiv-aggressiv sein. Aber weder die Unterdrückung noch das Abreagieren verwandelt den Ärger. Innerlich kocht er weiter vor sich hin.

Sollten Sie zu den Menschen gehören, die sich abreagieren, denken Sie vielleicht, der Ärger fühle sich gut an, weil er berechtigt ist und weil er einen Adrenalinschub und eine Erleichterung auslöst, die jedoch nicht von Dauer sind. Wenn Sie dann wieder von Ihrem Ärger herunterkommen, sind Sie häufig noch ausgelaugter und niedergeschlagener als vor dem Ausbruch. Außerdem kann es sein, dass Sie sich mit den Konsequenzen Ihrer Wut beschäftigen müssen – mit zerbrochenen Gegenständen, Gefühlen anderer Menschen, dem Gesetz –, was letztlich noch mehr an Ihren Kräften zehren kann. Menschen, die sich abreagieren, lassen den Dampf ab, aber dieses Abreagieren verstärkt nur die Gewohnheit, wütend zu reagieren.

Wenn Sie zu den Menschen gehören, die ihren Ärger unterdrücken, schwelt die Wut in Ihnen ständig vor sich hin. Dieses Schwelen verbraucht Energie und verursacht nach einer Weile Erschöpfung, Kopfschmerzen, Magenschmerzen, Herzprobleme oder andere Krankheiten. Als jemand, der passiv-aggressiv ist, werden Sie mürrisch oder benutzen Ihren Ärger, um andere einzuschüchtern oder von ihnen das zu erzwingen, was Sie haben wollen.

Ganz gleich ob Sie wie ein Vulkan explodieren oder wie ein Eintopf langsam vor sich hin köcheln – der Stress, der zum Ärger geführt hat, bleibt in beiden Fällen bestehen und kann Ihrem Leben ernsthaft schaden: Er kann Beziehungen zerstören, klares Denken verschleiern, die Arbeitsfähigkeit beeinträchtigen, der Gesundheit schaden und Ihre Zukunft gefährden. Untersuchungen legen die Annahme nahe, dass sowohl das Abreagieren als auch das Unterdrücken von ärgerlichen Gefühlen zu einem erhöhten Risiko von Herzerkrankungen führen kann (Siegmann et al. 1998; Gallacher et al. 1999).

Obwohl die Mehrzahl der Amerikaner in einer Umfrage angab, sich Sorgen zu machen wegen der Auswirkungen, die Stress und Spannungen auf ihre Gesundheit haben könnten, verhält sie sich nicht dementsprechend. Fast die Hälfte der Befragten gab zu, unter Stress noch weniger darauf zu achten, was sie essen, oder vermehrt zu essen, um sich besser zu fühlen, und sich weniger um körperliches Training zu kümmern. Sechzig Prozent der Amerikaner sind übergewichtig oder adipös und viele von ihnen essen bei Stress zu viel (King 2002). In einem Zustand von Ärger oder Stress nehmen wir Nahrungsmittel zu uns, die uns beruhigen – Fettiges oder Süßes –, um uns besser zu fühlen. Wütende Menschen werden abhängig vom Adrenalinstoß und dem vorübergehenden Gefühl der Macht, das im Ärger erlebt wird, woraus weitere Abhängigkeiten entstehen können, wie z. B. von Drogen, Sex, Einkaufen oder Glücksspielen. Viele Menschen wenden sich dem Alkohol zu. Nach einer zunächst leicht entspannenden Wirkung baut der Alkohol möglicherweise Hemmungen ab und das kann sich auch auf unterdrückten Ärger auswirken und zu Gewalt und Missbrauch führen.

Da Ärger eine Energie ist, ist es wichtig, sich bewusst zu machen, dass es eine ganz persönliche Entscheidung ist, wofür Sie diese Energie einsetzen. Wut kann Gewalt nähren, ist an sich jedoch nicht unbedingt gewalttätig. Gewalttätig zu handeln ist immer eine Entscheidung. Gewalttätiges oder aggressives Verhalten geschieht, wenn Sie die Entscheidung treffen, die Energie Ihrer Wut dazu zu benutzen, andere Menschen zu manipulieren, zu bedrohen oder zu verletzen. Gewalt löst überhaupt nichts. Sie macht alles nur schlimmer. Ihre Intelligenz besitzt dieses Wissen, wenn jedoch die Energie der Wut Überhand gewinnt, ist Ihnen der Zugang zu dieser Intelligenz versperrt.

Überprüfen Sie einmal, wie Sie die Energie, die in Ihrem Ärger steckt, ausdrücken. Notieren Sie sich Ihre Antworten auf folgende Fragen:

Wie gehen Sie mit Ärger um – reagieren Sie sich ab, unterdrücken Sie den Ärger oder zeigen Sie beide Verhaltensweisen? Sind Sie passiv-aggressiv? Manipulieren Sie, schüchtern Sie ein oder wenden Sie Gewalt an?

Welche körperlichen Symptome treten bei Ihnen auf, wenn Sie unter Stress stehen oder zornig sind: Schmerzen im Kopf, Rücken, Nacken oder Kiefergelenk; Nervosität; unregelmäßiger Herzschlag; Panikattacken; Magenprobleme; Erschöpfung, Schlaflosigkeit oder andere Störungen?

Verursacht Ihr Ärger weitere negative Emotionen (Feindseligkeit, Angst, Depression?)

Welche Abhängigkeiten (von bestimmten Nahrungsmitteln, Alkohol, Einkaufen, Sex, Drogen, Glücksspiel) haben sich möglicherweise aus Ihrer Gewohnheit entwickelt, mit Ärger zu reagieren?

Wohin mit einer Wut, die außer Kontrolle geraten ist?

Was können Sie jetzt tun? Für den Stress und die Wut, die in großen Teilen der Gesellschaft außer Kontrolle geraten sind, gibt es genauso wenig eine schnelle Lösung wie für die Probleme der Überbevölkerung oder des Terrorismus. Ausbrüche von Stress und unterdrückte emotionale Überzeugungen müssen als emotionaler Virus auf globaler Ebene gesehen werden, als ein planetarisches Leiden. Bei den meisten Konflikten und Kriegen, ob innerhalb einer Gesellschaft oder im Inneren einer Person, geht es nicht nur um ökonomische, religiöse oder soziale Überzeugungen, sondern auch um offene Rechnungen aus der Vergangenheit.

Es gibt einen Ausweg. Er beginnt bei Ihnen. Sie müssen sich eine andere Kraftquelle erschließen, um aus der emotionalen Telepathie und Ihrer eigenen Gewohnheit, mit Ärger zu reagieren, auszubrechen. Sie benötigen eine Kraft, die stärker ist als Ihre emotionalen Überzeugungen, und die Ihre Reaktionen und Antworten aufs Leben neu organisieren kann. Um diese Kraft zu finden, müssen Sie sich Ihrem Herzen zuwenden.

Kapitel 3

Was hat das Herz mit all dem zu tun?

Nachdem Sie inzwischen einige Quellen Ihres Ärgers erkannt haben und sich angeschaut haben, wie Sie Ihren Ärger ausdrücken, sind Sie nun darauf vorbereitet, ein Verständnis für den verlässlichsten, mächtigsten Verbündeten zu gewinnen, der Ihnen jemals für die Umwandlung Ihres Ärgers zur Seite stehen kann. Es handelt sich um Ihr Herz. Das hört sich für Sie vielleicht wie eine Metapher an, die Sie früher schon einmal gehört haben – zu süßlich und zu einfach, um wirklich hilfreich zu sein. Aber inzwischen gibt es wissenschaftliche Hinweise dafür, wie Sie das Gehirn und den Körper mit der Kraft des Herzens verändern und Ihre Gewohnheit, verärgert zu reagieren, umwandeln können. Verstand und Emotionen können zur Kohärenz gebracht werden, aber nur das Herz ist dazu in der Lage. Es ist wichtig zu verstehen, wie das funktioniert.

Joyce stellt fest, dass der Arbeitsdruck und ständige Unterbrechungen die Hauptursachen für ihren Ärger sind. Meistens fühlt sie sich angespannt und leidet häufig unter Kopfschmerzen. Sie sagt: „Ich muss vieles gleichzeitig erledigen, E-Mails beantworten, telefonieren und Berichte fertig stellen, und alles muss sehr schnell gehen. Wenn mich jemand dabei unterbricht und mich ablenkt, möchte ich ihm am liebsten ins Gesicht springen. Zu Hause geht die Mehrfachbelastung einfach weiter. Mein Mann und meine Kinder unterbrechen mich ständig. Ich kann spüren, wie mein Herz rast und ich im Gesicht rot werde. Eines Abends klingelte das Telefon, als ich gerade meine fünfzehnjährige Tochter anschrie, sie solle aufhören, auf ihrer Schwester herumzuhacken, und gleichzeitig zu verhindern versuchte, dass das Essen auf dem Herd anbrannte. Als ich schließlich den Telefonhörer abnahm, war so ein Blödmann mit irgendeiner Werbung am anderen Ende der Leitung und ich schmiss das Telefon quer durchs Zimmer."

Könnte die Erfahrung, die Joyce hier schildert, auch Ihre eigene gewesen sein? Das Ausmaß der Mehrfachbelastungen, die viele von uns zu bewältigen haben, kann dazu führen, dass eine Sicherung durchbrennt. Ununterbrochene Verärgerung oder Frustration können im Nerven-, Hormon- und Immunsystem zu chronischem Ungleichgewicht führen, das Sie an die Grenzen Ihrer Belastbarkeit bringt. Warum? Weil pausenlose negative Reaktionen Ihr Herz, Ihr Gehirn und Ihren Körper aus dem Gleichgewicht bringen. Joyce fand einen Weg, ihren Ärger umzuwandeln, so dass es ihr möglich wurde, mit den Mehrfachbelastungen umzugehen, ohne ausgelaugt zu werden. Zuallererst lernte sie etwas darüber, wie sich ihre Ärgerreaktionen auf ihren Körper auswirken.

Was geschieht in Ihrem Körper, wenn Sie wütend sind?

Im letzten Jahrzehnt haben Forscher entdeckt, dass dem Herzen eine Hauptrolle im emotionalen System zukommt. Das Herz ist ein Informationsverarbeitungszentrum. Tatsächlich gibt es mehr Nerven, die vom Herzen zum Gehirn führen als umgekehrt (McCraty 2004). Das Herz übermittelt seine Informationen auf vier verschiedenen Wegen an das Gehirn und den restlichen Körper: neurologisch (durch das Nervensystem), biochemisch (durch Hormone und Neurotransmitter), biophysisch (durch den Blutdruck) und energetisch (durch elektromagnetische Felder). All diese Informationen entstehen innerhalb des Herzens.

Der Rhythmus Ihres Herzschlages, die sogenannte *Variabilität der Herzfrequenz* oder HRV (von englisch „Heart Rate Variability") reagiert sehr sensibel auf Ihre wechselnden emotionalen Zustände. Wissenschaftler und medizinische Fachleute benutzen inzwischen eine Analyse der HRV als wichtiges Messinstrument für viele Fragestellungen, unter anderem auch zur Feststellung von mentalem und emotionalem Stress. Die Variabilität der Herzfrequenz hat sich als genauer Indikator für das Ausmaß der Alterung des Nervensystems herausgestellt (Umetani et al. 1998) und sogar als Instrument zur Vorhersage der Sterblichkeitsrate bei allen Krankheitsbildern (Tsuji et al. 1994).

Erlebt man eine stressgeladene Emotion wie z. B. Zorn, Verärgerung oder Frustration, weist das Muster der HRV einen ungeordneten und chaotischen Rhythmus auf. Man spricht dann von einem *inkohärenten* HRV-Muster (vgl. Abb. 1).

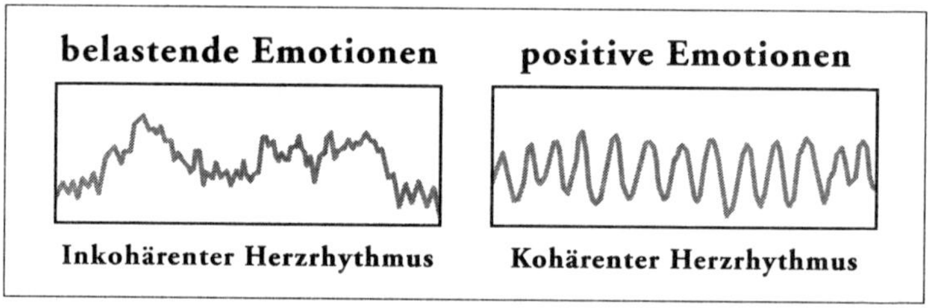

Auf einem Computerbildschirm wirkt ein solches inkohärentes Muster des Herzrhythmus holprig und zerklüftet – genauso wie es sich innerlich anfühlt. Im Gegensatz dazu wird das Muster des Herzrhythmus geordneter, wenn Sie positive Emotionen empfinden. Dann spricht man von einem *kohärenten* Muster. Positive Emotionen erzeugen ein ruhiges, kohärentes, sinuswellenartiges Muster und dementsprechend fühlen Sie sich innerlich auch ausgeglichener. Ihr Gehirn funktioniert effektiver und Sie können klarer denken (Tiller, McCraty und Atkinson 1996).

Ein kohärentes Muster des Herzrhythmus zeigt auch einen ausgeglichenen Zustand zwischen den beiden Zweigen Ihres autonomen Nervensystems an, dem Teil des Nervensystems, der die unwillkürlichen Prozesse wie z. B. den Herzschlag, die Verdauung und die Hormonausschüttung kontrolliert. Der *sympathische* Zweig beschleunigt den Herzschlag und der *parasympathische* verlangsamt ihn. Positive Emotionen und ein kohärenter Herzrhythmus bewirken ein harmonisches Zusammenspiel zwischen dem parasympathischen und dem sympathischen Nervensystem. Sie erzeugen einen Zustand, den wir *emotionale Kohärenz* nennen. Negative Emotionen sind die Ursache dafür, dass diese beiden Teile des autonomen Nervensystems aus ihrer Ordnung fallen (McCraty et al. 1995). Dadurch entsteht eine emotionale Inkohärenz.

Erlebt man häufig Gefühle der Verärgerung, Frustration, Wut oder emotionaler Inkohärenz, läuft das parasympathische Nervensystem auf Hochtouren. Diese Art von Stress wirkt so, als ob Sie gleichzeitig mit einem Fuß auf dem Gaspedal (sympathisches Nervensystem) und mit dem anderen auf der Bremse (parasympathisches Nervensystem) stehen würden. Damit ist – bestenfalls – eine holprige Fahrt möglich und der Treibstoffverbrauch ist viel höher. Genauso wie ein Auto auf solche Art schneller abgenutzt wird, bedeutet emotionale Inkohärenz zusätzlichen Stress für Ihr Nervensystem und Ihren Körper. Sie erschöpft Ihre Energie und stört die Fähigkeit zu klarem Denken.

Andere Faktoren, wie z. B. die Abhängigkeit vom Adrenalinstoß durch ununterbrochene Stimulation, können ebenfalls zu einer Überreaktion des sympathischen Nervensystems führen. Chronische Aktivierung des sympathischen Nervensystems erschwert den Versuch, bei Bedarf ruhig oder langsamer zu werden. Dadurch steigt die Gefahr von Herzarhythmien und plötzlichem

Herztod. Es gibt Berichte darüber, dass es in den Stunden, Tagen und Wochen nach den Terroranschlägen vom 11. September 2001 zu einer sechsfachen Zunahme von Herzrhythmusstörungen kam (Steinberg et al. 2002). Diese Tatsache lässt sich am leichtesten durch eine signifikante Reduzierung der beruhigenden Schutzfunktion erklären, die normalerweise vom parasympathischen Nervensystem angeboten wird (Lampert et al. 2002).

Wenn Ihr sympathisches Nervensystem durch ununterbrochene emotionale Inkohärenz auf Hochtouren gehalten wird, kann dies zu einer Erschöpfung des Nervensystems führen. Ebenso kann es zu einem hormonellen Ungleichgewicht kommen, z. B. zu einer chronischen Erhöhung des „Stresshormons" Kortisol und zu einer Reduzierung von Dehydroepiandrosteron (DHEA), dem „Vitalitäts-" oder „Anti-Aging-Hormon". Im Laufe der Zeit verändert ein chronisch erhöhter Kortisolspiegel den Körperthermostat und produziert das Kortisol sogar auch dann, wenn Sie gar nicht verärgert sind. Aus genau diesem Grund können sich viele Menschen selbst im Urlaub nicht entspannen oder brauchen zumindest mehrere Tage, bis sie endlich abschalten können. Derselbe Sachverhalt ist verantwortlich dafür, dass viele Menschen nachts nicht gut schlafen können. Zu viel Kortisol über einen langen Zeitraum hinweg regt auch eine übermäßige Fettproduktion an (vor allem im Bereich der Taille und der Hüften), verschlechtert die Immunfunktionen, verringert die Knochen- und Muskelmasse, beeinträchtigt das Gedächtnis und das Lernen und zerstört Gehirnzellen (McCraty, Barrios-Choplin et al. 1998).

Einer der Faktoren, die zu vermehrtem Stress beitragen (und zu hoher Kortisolproduktion führen), ist in unserer schnelllebigen Zeit die Tatsache, dass unser Leben zu rasant abläuft, als dass unsere Emotionen noch Schritt halten können. Das wiederum erweist sich als zusätzliche Belastung für unser Herz und unser Nervensystem. Ähnlich wie bei Joyce verlangen die vielen Ansprüche, die an den Einzelnen am Arbeitsplatz und in der Familie gestellt werden, dass sich diese Person innerhalb einer Stunde unzählige Male auf etwas Neues konzentrieren muss. Jedes Mal, wenn Sie auf eine Anforderung oder Unterbrechung verärgert oder frustriert reagieren, wirkt sich das so aus, als ob Sie in Ihren Körper noch mehr Kortisol hineinspritzen. Jeder Nadelstich, der Sie verärgert, kostet Sie emotionale Energie und führt zur Erschöpfung. Daher ist es nicht verwunderlich, dass so viele Menschen Krankheiten haben, die mit Stress in Verbindung stehen, und immer anfälliger dafür werden, ärgerlich zu reagieren.

Ein schneller Weg, Negativität ins Gegenteil zu verkehren

Weil das Herz tonangebend für den Rhythmus im Körper ist – und Prozesse im Gehirn beeinflusst, die unser Nervensystem, unsere Gefühle und unsere kognitiven Funktionen kontrollieren –, liegt der Ansatzpunkt für einen schnellen und gründlichen Einfluss auf diese systemweite Dynamik auch im Herzen.

Wenn Sie Ihren Herzrhythmus so verändern, dass er mehr Kohärenz aufweist, werden auch Ihre Emotionen ausgeglichener und Ihr autonomes Nervensystem kommt automatisch ins Gleichgewicht. Indem Sie lernen, Ihren Herzrhythmus genau in dem Moment zu verändern, in dem Sie frustriert oder verärgert sind, machen Sie sich die physiologische Kraft des Ärgers zunutze. Sie holen sich Ihre eigene Kraft wieder zurück. Sie verändern die Information, die Ihr Herz an Ihr Gehirn sendet. Sie erleichtern die Arbeit der höheren Gehirnfunktionen und denken kohärenter.

Tausende von Selbsthilfebüchern und Philosophien sprechen davon, die negativen Reaktionen und Gedanken durch Entspannung, Atemübungen, Affirmationen oder kognitive Techniken umzuwandeln. Was wird dabei ausgelassen? Sie benötigen die Kohärenz des Herzrhythmus, um genügend Kraft zu haben, die Emotionen wirklich zu verändern und die größeren Zusammenhänge zu erkennen.

Weil das Herz einen solch großen Einfluss auf den Rest des Körpers besitzt, brauchen Sie nur das Musters Ihres Herzrhythmus so zu verändern, dass es nicht mehr inkohärent und zerfahren, sondern geordnet und kohärent ist, und Ihr Stress hat ein Ende. Das geht ganz einfach: Sie entscheiden sich für Ihr Herz, indem Sie Ihre Aufmerksamkeit auf Ihr Herz lenken und den Atem durch diesen Bereich Ihres Körpers strömen lassen. Versuchen Sie es gleich einmal. Stellen Sie sich während des Atmens ganz ehrlich auf Anteilnahme oder Wertschätzung ein und atmen Sie diese Einstellung in Ihr Herz hinein. Es kann sein, dass dies ein wenig Übung erfordert. Durch die Übung verändern sich Ihre Gefühle und Wahrnehmungen. Sie entkommen alten emotionalen Mustern. Wenn Sie das Muster Ihres Herzrhythmus beherrschen, erreichen Sie eine größere Kontrolle über das autonome Nervensystem, den Teil des Körpers, von dem Wissenschaftler immer annahmen, er läge jenseits unserer Kontrolle, es sei denn, man wäre ein Heiliger oder ein Yogi.

Weitwinkel oder Nahaufnahme?

Wenn Sie lernen, sich mit Ihrem Herzen zu verbinden, ändert sich Ihr Leben. Sie gewinnen Zugang zu einer Quelle der Weisheit und Kraft, die Sie wahrscheinlich bisher nur ab und zu angezapft haben. Denken Sie einmal an Situationen, in denen Sie unter der Dusche standen, einen Spaziergang gemacht haben oder ganz entspannt waren und ein „Aha"-Erlebnis hatten. Plötzlich war eine Antwort da, von der Sie intuitiv wussten, dass sie richtig war – und sie stellte sich tatsächlich als die Richtige heraus! Sie fühlten sich großartig, so, als ob Ihnen alles möglich wäre. Oder denken Sie an Zeiten zurück, in denen Sie frisch verliebt waren, oder Anerkennung für eine Arbeit bekamen, die Sie gerade beendet hatten, oder in denen Sie sich gelassen an einem Sonnenuntergang in den Tropen erfreuten, während der Wind sanft durch Ihr Haar strich. In solchen Momenten fühlten Sie sich unendlich weit und sicher. Ihr Herzrhythmus war harmonisch und dementsprechend entspannt und offen war Ihre Wahrnehmung – wie ein Weitwinkelobjektiv, das in der Lage ist, alles aufzunehmen.

Genau das Gegenteil ist der Fall, wenn Sie sich gestresst und sauer fühlen und Ihr Herzrhythmus ungeordnet und inkohärent ist. In solchen Momenten verengt sich Ihr Fokus so, als ob sich die Linse der Kamera nur ein Detail heranzoomen würde. Was geschieht dabei? Der inkohärente Herzrhythmus schränkt Ihre höheren Gehirnfunktionen ein. Darüber hinaus löst das sympathische Nervensystem den Ausstoß von Adrenalin aus und versetzt Ihren Körper damit in einen Überlebensmodus. In diesem Überlebensmodus *können Sie nicht* so kohärent denken. Und das ist auch nicht notwendig. Wenn ein zähnefletschender Hund vor Ihnen steht, müssen Sie nicht sorgfältig die Vor- und Nachteil der Situation abwägen. Sie müssen nur wegrennen oder sich selbst verteidigen. Stress verengt die Linse Ihrer Wahrnehmung auf die vor Ihnen liegende Bedrohung. Ein solchermaßen verengter Fokus ist hilfreich, wenn Sie in Gefahr sind; wenn Sie jedoch versuchen, eine komplexe und heikle Situationen zu verstehen und die bestmögliche Entscheidung zu treffen, ist er keineswegs von Nutzen.

Die physiologische Reaktion auf Ärger ist so angelegt, dass sie Ihre vitalen Körperfunktionen schützt und Sie darauf vorbereitet, das, was Ihre Sicherheit bedroht, anzugreifen oder davonzurennen. Dabei spielt es keine Rolle, ob es sich um eine äußere Bedrohung handelt (wie z. B. den Angriff eines Tieres) oder um eine innere Bedrohung (wie z. B. die Angst, irgendjemand könnte Ihnen schaden wollen). Sie haben das Gefühl, in einer Falle zu sein und sind es auch. Und ein Ausweg ist nicht in Sicht.

Noch schlimmer jedoch ist die Tatsache, dass der Ärger Ihnen weismachen will, die Dinge seien so, wie Sie es meinen, selbst wenn das gar nicht stimmt. Frustration wird zu einer Art Lebensstil. Aufgrund des ständigen Konflikts zwischen Ihren Erwartungen, wie das Leben zu sein hätte und dem, wie es tatsächlich ist, entwickeln Sie eine geringe Frustrationstoleranz. Groll baut sich auf. Sie fühlen sich als Opfer. Wenn sich die anderen doch nur ein wenig ändern würden, könnte alles in Ordnung sein. Auf diese Weise entwickelt sich bei Ihnen die Gewohnheit, mit Ärger zu reagieren. Aber glücklicher werden Sie dadurch nicht. Das kann Ärger niemals zu bewirken. Dazu ist er überhaupt nicht in der Lage.

Wenn Sie lernen, das Muster Ihres eigenen Herzrhythmus zu beruhigen, erweitert sich die Linse Ihrer Wahrnehmung und Sie können erkennen, dass Sie mehrere Möglichkeiten besitzen. Ein gleichmäßiger, kohärenter Herzrhythmus verhilft dazu, die Nerven zu beruhigen und den Blutdruck zu senken (McCraty et al. 1995). Das Immunsystem wird gestärkt und die Hormonproduktion ausgeglichener (Rein, Atkinson und McCraty 1995). Das elektromagnetische Feld, das von Ihrem Herzen in Ihren gesamten Körper, auf andere Menschen und Ihr Umfeld ausstrahlt, verändert sich ebenfalls. Das Muster Ihres Herzrhythmus wird durch dieses Feld ausgesendet und kann buchstäblich das Herz anderer Menschen verändern (McCraty 2004).

Ein kohärenter Herzrhythmus hilft Ihnen dabei, Ihre inneren Energien auszugleichen. Er hilft, den Sumpf ineffektiver emotionaler Überzeugungen zu klären, so dass Sie von Ihrem höheren Selbst aus handeln können. Intuitiv wissen Sie, was in dieser Situation für alle das Beste wäre – aber dieses Wissen stammt aus dem Herzen. Kohärenz hilft Ihnen außerdem, sich vor der Negativität anderer Menschen zu schützen, indem Sie für den Sog des Sie umgebenden elektromagnetischen Feldes unempfindlich werden.

Probieren Sie die Übungen „Entscheidung fürs Herz" und „Innere Haltungen einatmen" aus, um die Kraft der Kohärenz spüren zu können.

Entscheidung fürs Herz

Können Sie sich an eine private oder berufliche Situation erinnern, in der Sie sich entschieden haben, aus Ihrem Herzen heraus zu handeln – mit anderen Worten, in der Sie sich ausgeglichen gefühlt haben und verständnisvoller, fürsorglicher und anerkennender auf einen anderen Menschen reagiert haben als üblicherweise? Denken Sie noch einmal an das Gefühl, das Sie dabei hatten. Wie war die Reaktion des anderen darauf? Wie hat sich diese Ihre Entscheidung – kurzfristig und auf lange Sicht – ausgewirkt? Notieren Sie sich Ihre Antworten, damit Sie in Zukunft darauf zurückgreifen können.

Erinnern Sie sich nun an eine Situation, in der Sie nicht vom Herzen her entschieden haben, und überlegen Sie, was sich daraus entwi-

ckelt hat. Achten Sie darauf, wie unterschiedlich sich das anfühlt. Genau das ist der Unterschied zwischen Kohärenz und Inkohärenz.

✎ Werkzeug „Innere Haltungen einatmen"

Das Einatmen innerer Haltungen oder Einstellungen ist ein einfaches Werkzeug. Greifen Sie immer dann darauf zurück, wenn Sie sich gereizt, frustriert, verärgert oder ängstlich fühlen, oder jedes Mal, wenn Sie mehr Kohärenz brauchen. Das Einatmen innerer Haltungen kann „das Feuer" aus den negativen Gedanken und Emotionen nehmen, so dass sie weniger machtvoll sind.

Das Einatmen innerer Haltungen erfordert eine gewisse Vorausplanung. Wählen Sie eine positive Emotion aus, auf die Sie sich in Zukunft beziehen können, wie z. B. Liebe, Verständnis, Anteilnahme, Mitgefühl oder Ausgeglichenheit. Nehmen Sie sich einen Moment Zeit, sich an das Gefühl zu erinnern, das in der vorherigen Übung aufgetaucht war, als Sie an das Beispiel dachten, in dem Sie sich entschieden hatten, Ihrem Herzen zu folgen. Genau das ist nämlich das Gefühl der emotionalen Kohärenz, das Sie anstreben. Machen Sie sich keine Sorgen, falls Sie kein inneres Gefühl finden oder einen inneren Widerstand spüren. Allein schon der ernsthafte Versuch, auf eine positive Haltung der Wertschätzung, des Verständnisses, Mitgefühls oder der Anteilnahme umzuschalten, wird Ihre Kohärenz verstärken. Sie können zumindest immer eine ehrliche Grundhaltung von Anteilnahme einnehmen, selbst wenn Sie innerlichen Widerstand verspüren.

1. Den meisten Menschen fällt es am leichtesten, in der Hitze des Gefechts auf die positive Emotion der Wertschätzung umzuschalten, deshalb werden wir uns auf die Wertschätzung konzentrieren. Bevor Sie dieses Werkzeug anwenden, nehmen Sie sich einen Moment Zeit, um einem Menschen oder einer Situation in Ihrem Leben gegenüber eine wertschätzende Einstellung aufzubauen. Stellen Sie sich vor, wie Sie dieses Gefühl der Wertschätzung zwei oder drei Atemzüge lang durch Ihr Herz lenken.

2. Richten Sie Ihre Aufmerksamkeit nun gleichzeitig auf Ihr Herz und Ihren Solarplexus (zwischen unterster Rippe und Bauchnabel). Stellen Sie sich die Frage: „Welche Einstellung wäre in dieser Situation für mich günstiger?" Bauen Sie dann eine innere Einstellung auf, wie zum Beispiel „Bleib ruhig", „Bleibe in dieser Situation neutral", „Urteile nicht, bevor du nicht wirklich weißt, was Sache ist", „Freunde dich mit dem an, was ist", „Sei ein wenig mitfühlender" oder was Ihnen sonst noch als Grundeinstellung angemessen erscheint.

3. Geben Sie in einem nächsten Schritt sanft und ernsthaft vor, dass Sie diese neue Grundeinstellung in Ihr Herz einatmen. Lenken Sie den Strom des Ausatmens dann durch den Solarplexus und den Magen hindurch, um diese Einstellung im Körper zu verankern. Machen Sie das so lange, bis sich ein Gefühl dieser neuen Haltung eingestellt hat.

Das Einatmen innerer Haltungen ist ein nützliches Werkzeug für viele unterschiedliche Situationen. Als Joyce diese Technik erlernt hatte und bei der Arbeit einsetzte, wurde ihr ihre Tendenz bewusster, anderen Menschen die Schuld zuzuschieben, wenn sie unterbrochen wurde oder irgendetwas schief lief, und bei Themen oder Entscheidungen, die sich unfair anfühlten, wütend zu werden. Außerdem fiel ihr auf, dass es bei allen anderen genauso ablief. „Als ich anfing, durch den Herzatem meine Einstellung zu verändern", sagte Joyce, „konnte ich schnell kreative Lösungen erkennen, die ich vorher einfach nicht sehen konnte." Joyce hatte die Kraft des Weitwinkelobjektivs entdeckt. „Manchmal konnte ich gar nicht glauben, wie glatt alles lief oder wie einfach es war, das zu erreichen, was ich erledigen wollte, während ich mich vorher durch andere Menschen oder die Umstände blockiert gefühlt hatte."

Üben Sie auch während der weiteren Lektüre dieses Buches die „Entscheidung fürs Herz" und das „Einatmen innerer Haltungen". Sollten beim Lesen negative emotionale Assoziationen ausgelöst werden, benutzen Sie eines dieser Werkzeuge, um zu einer Herzenswahrnehmung zu gelangen, und ein neues Verständnis wird sich vor Ihnen entfalten.

Es gibt noch weitere wichtige Momente, in denen das Einatmen innerer Haltungen hilfreich ist:
Morgens beim Aufwachen: Oft schleichen sich sofort beim Aufwachen als Erstes negative Gedanken und Emotionen wie z. B. Sorge, Traurigkeit, Verletzung oder Ärger ein, manchmal sogar, bevor man überhaupt aufgestanden ist. Aus dieser Situation heraus ist auch der Ausdruck „mit dem falschen Fuß aufstehen" entstanden.

Üben Sie das Einatmen innerer Haltungen in den ersten 30 Minuten oder der ersten Stunde des Tages, während Sie sich auf den Tag vorbereiten. Das kann während des Duschens, Ankleidens oder auf dem Weg zur Arbeit geschehen. Anderenfalls können sich die negativen Gedanken oder Einstellungen, mit denen Sie aufgewacht sind, schnell verselbständigen, wenn sie nicht neutralisiert und durch Einstellungen ersetzt werden, die nicht sinnlos an Ihren Kräften zehren. Entscheiden Sie sich stattdessen für Gedanken und Einstellungen – wie z. B. Wertschätzung oder Anteilnahme –, die sich vorteilhaft auf Ihren Tag auswirken, und atmen

Sie diese einige Male durch das Herz ein und durch den Solarplexus aus, um Kohärenz zu erzeugen. Das Ausatmen durch den Solarplexus verankert diese Einstellung.

Wenn Sie Ihren Tag mit stressverursachenden Einstellungen oder Frustrationen beginnen, verstärken sich diese sehr schnell und schaffen eine emotionale Endlosschleife, die sich nur schwer wieder abschütteln lässt. Negative Gedanken und Emotionen am Morgen können, wenn sie nicht in Schach gehalten werden, eine bedrückende Wucht entwickeln, die bereits bis zum Mittag Ihre Vitalität vollkommen untergraben haben kann. Für den Rest des Tages bleibt Ihnen dann nur noch das Gefühl, apathisch, unproduktiv und reizbar zu sein.

Wenn Sie bemerken, dass Teile dieser negativen Morgengedanken oder Emotionen während des Tages wieder auftauchen, nehmen Sie sich einen Moment Zeit, um sich auf eine positive Ersatzeinstellung zurückzubesinnen, und praktizieren Sie dann das Einatmen innerer Haltungen eine Weile lang. Denken Sie dabei daran, dass Sie bei diesem Werkzeug Ihre normalen Aktivitäten nicht unterbrechen müssen.

Wenn Sie sich angespannt fühlen: Steigende Anspannung ist ein Signal dafür, dass Sie emotional aus dem Gleichgewicht geraten sind. Bei manchen Menschen sammelt sich die Anspannung im Brustbereich an. Sie erleben sich dann vielleicht als kurzatmig, mit Herzklopfen oder unregelmäßigem Herzschlag. Andere wiederum erleben die Spannungen als Kopfschmerzen oder als Magenkrämpfe oder Verspannungen im Rücken-, Nacken- oder Schulterbereich. Nutzen Sie das Einatmen innerer Haltungen, um die Verspannung zu lösen, wo sie auch immer sitzen mag. Und stellen Sie sich, während Sie das tun, die Frage: „Mit welchem Gefühl oder Vorgehen würde ich bei dem, was ich gerade tue, mehr im Gleichgewicht sein?" Sobald Sie sich emotional wieder ausgeglichener fühlen, tun Sie so, als ob Sie das Gefühl dieser Ausgeglichenheit durch den verspannten Bereich hindurch atmen würden. Sie werden spüren, wie sich die Verspannung löst, während mehr und mehr Ihrer kohärenten Herzenergie durch den betreffenden Bereich Ihres Körpers strömt.

Wenn Sie nicht länger auf die negativen Emotionen anderer „anspringen" wollen: In Zeiten erhöhter Belastung kann es hilfreich sein, sich vor Augen zu halten, dass viele Menschen mit negativen Emotionen zu tun haben, wie z. B. mit Unsicherheit, Frustration, Angst, Ärger und Wut. Deshalb könnte es sein, dass jeder in Ihrer Umgebung nervös und gereizt ist. In solchen Zeiten, in denen jeder unter Strom steht, ist es ganz besonders wichtig, sich selbst und anderen gegenüber Mitgefühl aufzubringen. Sobald Sie merken, dass Sie anfangen, gereizt, frustriert, ärgerlich oder wütend zu werden, können Sie das Einatmen innerer Haltungen dazu benutzen, die überschießende negative Emotion aus Ihren Reaktionen herauszunehmen und Ihren Herzrhythmus auf Kohärenz umzuschalten. Das Verankern Ihrer Energie in Ihrem Herzen und Solarplexus hilft Ihnen, zentriert zu bleiben und ruhig und klar zu erkennen, welche Reaktion in dieser Situation die bestmögliche ist.

Die Umwandlung der Gewohnheit, wütend zu reagieren

Wenn Sie Ihre Gewohnheit, mit Ärger zu reagieren, die durch Ihre emotionalen Überzeugungen und neuronalen Muster noch verstärkt wurde, umwandeln wollen, müssen Sie sich die Kraft

Ihrer Physiologie zunutze machen. Sie müssen die Physiologie des Ärgers in die mächtigere Physiologie der Liebe umwandeln. Dies geschieht, indem Sie sich mit der Kraft Ihres Herzens verbinden: Indem Sie Techniken erlernen, die dazu führen, Ihren Herzrhythmus kohärenter werden zu lassen, und indem Sie Liebe, Wertschätzung oder Anteilnahme mit dem Atem in sich einströmen lassen, beenden Sie die mechanisch auftretenden alten emotionalen Reaktionen – schnelle, reflexartige Antworten, die Ihrem Kopf entspringen und nicht Ihrem Herzen. Sie führen physiologische Veränderungen herbei, die Ihre Wahrnehmungen erweitern. Mit Hilfe Ihrer erweiterten Perspektive sind Sie in die Lage, sich aus den neuronalen Mustern zu lösen, die Ihren Ärger immer wieder erneut anfachen. Sie schaffen ein elektromagnetisches Feld größerer Kohärenz, das Ihnen selbst und anderen gut tut. Dadurch wiederum bekommen Ihre Anstrengungen, anders zu reagieren und Ihr Leben neu zu gestalten, weiteren Auftrieb.

Kohärenz des Herzrhythmus verleiht uns die Kraft, alte emotionale Überzeugungen und Gewohnheiten zu überwinden. Die Entscheidung für das Herz bedeutet, Dinge auf eine neue Art und Weise zu betrachten – die Welt und uns selbst flexibler und in größeren Zusammenhängen zu betrachten. Die Entscheidung für das Herz heißt, Einstellungen wie Liebe, Anteilnahme und Wertschätzung Priorität zu geben – sich selbst und anderen gegenüber.

Kapitel 4

Emotionale Wut-Auslöser ausbremsen

„Er weiß genau, wie er mich auf die Palme bringen kann, und er macht es absichtlich", sagt Tina, während sie sich die Tränen wegwischt. „Es macht mich so wütend, dass er das immer wieder schafft." Tina erklärt, dass ihr Freund der einzige Mensch ist, der sie zur Weißglut bringen kann. Er bringt sie so weit, dass sie Gegenstände nach ihm wirft und viel weint. Er beleidigt sie mit Worten, aber Tina liebt ihn trotzdem und möchte die Beziehung nicht beenden.

Wer oder was macht Sie am wütendsten? Für die meisten Menschen ist das entweder jemand, den sie lieben, oder eine frustrierende Situation, über die sie keine Kontrolle haben. Einige Menschen gehen leichter an die Decke, wenn es ihnen körperlich schlecht geht oder wenn sie Sorgen haben. Bei anderen wiederum, die noch ungelösten Ärger aus einer vergangenen Verletzung mit sich herumtragen, reicht ein schräger Blick eines anderen Menschen bereits aus, um die Sicherung durchbrennen zu lassen. Für ungeduldige Menschen wiederum sind Situationen, die zu Verzögerungen führen, leicht ein Grund, sich zu ärgern: der Computerabsturz, der Kopierer, der wieder einmal nicht funktioniert, die Warteschleife am Telefon oder der Verkehrsstau. Ihre Wut bricht bei der kleinsten Unannehmlichkeit aus. Alle aufgeführten Situationen sind so genannte *externe Auslöser* – Menschen, Orte, Themen und Dinge, die außerhalb Ihrer selbst liegen und Sie an Ihren empfindlichen Punkten erwischen.

Es gibt aber auch *interne Auslöser,* die nichts mit dem zu tun haben, was um Sie herum geschieht. Zu den internen Auslösern gehören unter anderem das unaufhörliche gedankliche Wiederkäuen von Situationen, in denen Sie verletzt wurden, niedergeschlagen oder verärgert waren, das Gefühl hatten, vom Leben immer wieder unfair behandelt zu werden, oder die Erwartung, etwas könne eintreten, was man besser nicht erleben möchte, und der entsprechende Ärger, der allein schon durch diesen Gedanken ausgelöst wird.

Welche Dinge lösen bei Ihnen am häufigsten Ärger aus? Notieren Sie konkrete Beispiele hierfür in Ihr Tagebuch, das Sie in Kapitel 2 begonnen haben: wer, was, wo, wann. Handelt es sich dabei jeweils um interne oder externe Auslöser?

Wenden Sie das Einatmen innerer Haltungen an, während Sie Ihre Beispiele aufschreiben, um den Verlust an Energie wieder auszugleichen, der allein durch das Wachrufen der Erinnerungen eintritt. Untersuchungen haben gezeigt, dass es bereits ausreicht, sich an eine Situation nur zu erinnern, in der man wütend war, und dieses Gefühl fünf Minuten lang zu empfinden, um das Immunsystem bis zu sechs Stunden lang zu beeinträchtigen (Rein, Atkinson und McCraty 1995). Überlegen Sie einmal, was wohl mit Ihrem Immunsystem geschieht, wenn Sie sich tatsächlich ärgern? Kein Wunder also, dass wir nach einem Ärgerausbruch viel anfälliger für eine Erkältung oder eine Grippe sind als sonst!

Emotionale Projektionen

Viele Menschen projizieren ihre Sorgen in die Zukunft und ärgern sich dann über das, was vermeintlich eintreten wird. Aus

Ihrer Projektion, wie etwas sein könnte, wird die feste Annahme, dass es so sein wird, und diese ist dann der Auslöser für Ihren Ärger. Der Großteil dieser Projektionen beruht auf Erinnerungen an Vergangenes. Das funktioniert folgendermaßen: Sie rufen sich eine Situation ins Gedächtnis, in der Sie jemand missverstanden hat oder Sie sich unfair behandelt gefühlt haben, so dass Sie ärgerlich wurden. Allein schon die Idee, das Gleiche könnte in Zukunft wieder geschehen, reaktiviert das Gefühl, missverstanden oder unfair behandelt worden zu sein, und deshalb sind Sie wieder genauso verärgert wie damals. Hierbei handelt es sich um eine *emotionale Projektion*, weil die Vorstellung von etwas, das in der Zukunft passieren könnte, eine emotionale Reaktion hervorruft. Karla beschreibt dieses Geschehen folgendermaßen:

Ich hatte mit einem Freund eine Verabredung zum Mittagessen, auf die ich mich sehr freute, und fuhr mit dem Auto dorthin. Plötzlich überkam mich ein Gefühl der Angst und ich hatte ein Bild vor mir von meinem Freund, wie er mich kalt anschaute. Sofort dachte ich an einen Streit, den wir in der Vergangenheit gehabt hatten, und wie verletzt ich damals war. Ich war mir sicher, dass er auch heute beim Mittagessen irgendetwas sagen würde, was mich verletzen würde. Den nächsten Kilometer brütete ich über meinem Ärger. Dann unterbrach ich mich selbst. Als mir klar wurde, dass überhaupt nichts konkret vorlag und dass meine Reaktion nur auf einer Annahme beruhte, fing ich an zu lachen. In Wirklichkeit hatten wir ein fantastisches Mittagessen.

Emotionale Projektionen verleiten dazu, die Zukunft durch die gleiche Linse zu betrachten, durch die auch vergangene Ereignisse betrachtet wurden. Emotionale Projektionen geben weder Ihnen noch irgendjemand anderem die Chance, sich auf eine veränderte Art und Weise zu verhalten. Emotionale Projektionen gehören zu den wirkungsvollsten Ärgerauslösern. Denken Sie einmal an eine Situation zurück, in der Sie nur deshalb ärgerlich wurden, weil Sie annahmen, eine andere Person würde sich beim nächsten Mal wieder „ganz genauso“ anstellen wie zuvor. Psychologen beschreiben häufig den Prozess, wie eine Erinnerung an die Vergangenheit dazu führt, in die gegenwärtige Situation etwas hineinzuinterpretieren; wie diese Interpretation zu einer Projektion wird, aus der wiederum bestimmte Annahmen abgeleitet werden und – peng! ist der Ärger da. Dieser Prozess löst ein Schnellfeuer von Gefühlen, Bildern und Gedanken aus, das wir als *Ärgerkaskade* bezeichnen.

Der Schlüssel zur Unterbrechung dieser Ärgerkaskade liegt darin, auf die Gefühle zu achten, die mit der Erinnerung verbunden sind. Karla hatte zunächst ein Gefühl der Angst wahrgenommen. Als sie sich fragte, womit das zusammenhängen könnte, tauchte die Erinnerung an ihren Freund auf, der sie feindselig anschaute, und darauf folgte ihre Interpretation. Sehr häufig tauchen noch vor den Gedanken die Gefühle auf. Wenn Sie das Gefühl rechtzeitig erwischen und herausfinden, durch welche Erinnerung es hervorgerufen wurde, sind Sie auf dem besten Weg, den Gedankenfluss und die Interpretationen zu stoppen, die zu einer Ärgerkaskade führen. In Karlas Beispiel war während der Autofahrt nichts geschehen, was ihren Ärger hätte rechtfertigen können. Er war nur durch die emotionale Erinnerung ausgelöst worden, die vom zugrunde liegenden Gefühl der Angst hervorgerufen wurde.
Was während dieser Ärgerkaskaden in Ihren neuronalen Schaltkreisen abläuft, hängt völlig davon ob, wie Sie etwas auffassen und was Sie fühlen. Eine Erinnerung kann dazu führen, dass Sie etwas auf eine ganz bestimmte Art wahrnehmen, wodurch wiederum bestimmte Gefühle und Gedanken ausgelöst werden, die ihrerseits physiologische Veränderungen im Herzen, Gehirn, Nerven-

und Hormonsystem in Gang setzen. Wiederholungen dieser Kaskade prägen dieses Muster in Ihren neuronalen Schaltkreis ein. Einmal eingespeichert, wird daraus eine *emotionale Überzeugung*. Ihr Gehirn hat sich jetzt daran gewöhnt, davon auszugehen, dass Dinge auf eine ganz bestimmte Art und Weise ablaufen und löst eine immergleiche Serie von emotionalen und physiologischen Reaktionen aus. Sobald es Ihnen jedoch gelingt, Ihre Emotionen und Wahrnehmungen an jedem Punkt der Kaskade zu verändern, werden Sie eine andere Serie von Gedanken, Gefühlen und physiologischen Effekten in Gang setzen. Indem Sie die Werkzeuge der Herzintelligenz einsetzen, um Ihre Emotionen und Wahrnehmungen zu verändern, beginnen Sie mit dem Prozess, neue Verbindungen in Ihrem Gehirn herzustellen und Ihr Nervensystem neu zu strukturieren. Sie können lernen, die Auslöser für Ihren Ärger wahrzunehmen, sie zu unterbrechen und sich zu entscheiden, einen anderen Weg einzuschlagen, einen Weg mit neuen Gedanken und Gefühlen.

Wenn Sie die Auslöser anschauen, die den größten Ärger verursachen, werden Sie erkennen, wie häufig eine Erinnerung oder eine Projektion Ihrem Ärger Nahrung gibt. Diese Erkenntnis ist wichtig, weil Erinnerungen häufig dazu führen, dass Sie die gegenwärtigen Ereignisse und Zukunftsaussichten nur verzerrt wahrnehmen können. Emotionale Projektionen zehren sehr an der emotionalen Energie und am Nervensystem – das verhindert Ihre klare Sicht.

In ihren ruhigeren Momenten wissen die meisten Menschen, dass bestimmte emotionale Projektionen nicht korrekt sind. Oder es gelingt Menschen wie Karla, die nur selten ärgerlich werden, eine emotionale Projektion im Ansatz zu erkennen und zu beenden. Wenn emotionale Projektionen und Ihre Ärgerreaktionen darauf erst einmal in Gang gesetzt sind, wird Ihre Intelligenz unweigerlich in Handschellen gelegt. Sie sind dann einfach nicht länger offen für das, was im gegenwärtigen Moment real geschieht, sondern gehen davon aus, dass die Dinge so sind, wie Ihre emotionale Überzeugung es Ihnen weismachen will. Sie sehen die Dinge übertrieben anstatt im Gleichgewicht. Das Ergebnis ist, dass Sie sich hilflos und ausgeliefert fühlen.

Allgemein verbreitete Ärgerprojektionen

Überprüfen Sie, ob Sie einige der nachfolgend beschriebenen geläufigen emotionalen Projektionen, Rationalisierungen oder Annahmen bei sich wiedererkennen.

Alles-oder-Nichts Denken: „Sie hat meine Einladung zu einem Date nicht angenommen. Niemand mag mit mir ausgehen.“, „Schau dir den Fehler an, den sie gemacht hat. Sie muss ein totaler Versager sein.“, „Er hat mir meine Heftmaschine nicht zurückgegeben. Außer ihm selbst ist ihm überhaupt nichts wichtig.“, „Er ist immer egoistisch.“, „Sie ist immer blöd und gedankenlos.“ Alles-oder-nichts-Denken löst Ärger aus, weil es ein Gefühl der Hilflosigkeit vermittelt. Sie können keine anderen Möglichkeiten sehen und so schlagen Sie um sich wie ein in die Enge getriebenes Tier.

Anklagen und Beschuldigen: „Dieser Fahrer vor mir fährt absichtlich so langsam. Dem wird ich's zeigen.“, „Mein Chef hat meine Handschrift kritisiert. Der will mir etwas anhängen. Ich bin sicher, er wird mir kündigen.“, „Nur er ist Schuld daran, dass sich mein Leben so entwickelt hat.“, „Die anderen ignorieren meine Bedürfnisse einfach immer.“, „Die anderen fordern oder erwarten immer zu viel von mir, übervorteilen mich, nutzen mich aus, kontrollieren mich, beschämen oder kritisieren mich, lassen mich warten, manipulieren mich, sind mir gegenüber respektlos" und ähnliches mehr. Beschuldigungen entstehen aus der emotionalen Projektion, dass irgendetwas oder irgendjemand unfair war, und damit rationalisieren wir dann unser Gefühl der Verärgerung. Beschuldigungen sind häufig der Auslöser für Ärger. Denken Sie nur an das letzte Mal, als Sie jemand anderem die Schuld dafür gegeben haben, dass etwas schief gelaufen ist. Wurden Sie unmittelbar darauf wütend?

Bewerten: „Er hat keinen Geschmack.", „Sie ist eine wahre Hexe.", „Er wird sich wieder ganz genauso aufführen.", „Ich bin eine schreckliche Mutter." Die Liste der Abwertungen lässt sich in Ihrem Geist und Ihrer emotionalen Welt endlos weiterführen. Hinter jeder emotionalen Projektion und Annahme, aus der ein Alles-oder-nichts-Denken, eine Anklage oder eine Beschuldigung erwächst, lässt sich eine Bewertung wiederfinden. Einige Bewertungen, wie die hier erwähnten Beispiele, sind ganz offensichtlich. Die Worte sind entweder in Ihrem Kopf oder Sie sprechen sie laut aus. Andere Bewertungen laufen so automatisch, dass sie unbemerkt bleiben. Oder Sie erkennen etwas gar nicht als Verurteilung, weil „die Dinge doch einfach so sind". Und doch lösen diese festgefahrenen Bewertungen Ihren Ärger aus und beherrschen Ihr Leben. Folgendes Beispiel zeigt, wie bei einem Versuch zweier Menschen, ihre Schwierigkeiten auszuräumen, ein zunächst erzielter Fortschritt durch Bewertungen wieder zunichte gemacht wurde.

Zwei Menschen, die miteinander eine Auseinandersetzung gehabt hatten, beschlossen, darüber zu reden und die Dinge zu klären. Als sie fertig waren, sagte der eine: „Für mich ist jetzt alles wieder in Ordnung, für dich auch?" Der andere antwortete: „Ja, mir geht's gut damit." Dann trennten sie sich und jeder ging seines Weges. „Er ist solch ein Blödmann", dachte der eine. „Ich bin froh, dass es vorbei ist, mit dem werde ich sicher nicht mehr reden", dachte der andere. Beide haben zugelassen, dass diese bewertenden Gedanken sich zu einer Ärgerkaskade steigerten, ohne dass der andere es gemerkt hätte. Bewertungen sind emotionale Projektionen, die auf etwas aufbauen, von dem man glaubt, dass man es „einfach weiß". Dadurch schränken Sie sich selbst und die Person ein, die Sie gerade bewerten.

Eine Projektion neutralisieren

Um eine Ärgerkaskade zu beenden, müssen Sie darauf achten, durch welche Gefühle oder Erinnerungen Ihre bewertenden oder wütenden Gedanken ausgelöst werden. Sobald eine solche emotionale Projektion auftaucht, sollten Sie diese umgehend neutralisieren. Die Neutralisierung verhindert, dass Ihr System Energie verliert, und Sie bekommen eine Chance, mehrere Optionen zu sehen. Häufig werden Menschen nur aufgrund von Gerüchten verurteilt, die andere irgendwo aufgeschnappt haben. Haben Sie jemals beobachtet, wie Freunde oder Kollegen aufgrund eines Gerüchts wütend wurden, das sich später als falsch oder nur teilweise richtig herausgestellt hat? Denken Sie einmal darüber nach, wie häufig Ihnen das bereits passiert ist. Oder denken Sie daran, wie oft Sie im Nachhinein feststellen mussten, dass eine Situation nicht annähernd so schlimm war wie befürchtet – und das, nachdem Sie schon jede Menge Energie verschwendet und sich daran abgearbeitet haben. Die Erinnerung an solche Erfahrungen könnte ein praktischer Grund für Sie sein, ein Werkzeug wie die Neutralisierungstechnik zu erlernen, die wir Ihnen später in diesem Kapitel vorstellen werden. Die Fähigkeit zu besitzen, eine Projektion zu neutralisieren, kann Ihnen viel inneren Aufruhr ersparen und Ihnen helfen, Gesundheitsprobleme zu vermeiden.

Nehmen wir einmal an, Sie hätten in der Arbeit mit angehört, wie jemand Ihren Namen erwähnt hat, ohne dass die Sprecherin es bemerkt hat. Irgendetwas wurde über Sie gesagt, was Sie nicht so ganz verstanden haben, aber aufgrund des Lachens vermuten Sie, dass es respektlos war, und fühlen sich verletzt. Eine Weile lang hält dieses Gefühl der Verletzung an, dann beginnen Sie allmählich, sauer zu werden. Nach einer weiteren Stunde kochen Sie vor Wut und das Kochen geht über in ein andauerndes Köcheln (so, als würden Sie zum Abendessen ein Hähnchen zubereiten!). Sie schmoren den ganzen Abend und die komplette Nacht lang weiter, weil Sie der betreffenden Kollegin ja erst am nächsten Morgen gehörig die Meinung sagen können.

Am nächsten Tag entscheiden Sie sich, auf die Intuition Ihres Herzens zu hören, die Ihnen vorschlägt, Ihre Annahme zunächst einmal zu überprüfen. Sie fragen eine der Personen, die bei dem Vorfall dabei war, ob Ihre Kollegin irgendetwas über Sie gesagt hat. Diese Person lacht und sagt: „Ja, sie hat dich bewundert, wie du dem Menschen, der den Kopierer reparieren sollte, deine Meinung gesagt hast, als er dich herumkommandieren wollte." Sie stoßen einen Seufzer der Erleichterung aus und sind unendlich froh, dass Sie zunächst nachgefragt haben.

Aber was ist mit der Energie, die Sie verschwendet haben, weil Sie vierundzwanzig Stunden lang innerlich vor sich hin geschmort haben? Wie häufig haben Sie sich selbst emotional total verausgabt und später herausgefunden, dass dies völlig umsonst war? Stellen Sie sich die Flut von Stresshormonen vor, die Sie hätten vermeiden können, wenn es Ihnen gelungen wäre, so lange neutral zu bleiben, bis Sie alle Fakten beieinander haben. Schmoren, sieden, köcheln, kochen – all diese Worte stehen für starke Emotionen, die Ihr Blut mit Stresshormonen überfluten, wenn es Ihnen nicht gelingt, sich auf irgendeine Art und Weise von ihnen zu lösen. Diese Hormone unterdrücken das Immunsystem und machen Sie damit anfällig für seelische und körperliche Gesundheitsprobleme.

Negative Bewertungen halten ungeprüfte Vorannahmen am Leben und die Stresshormone im Fluss. Menschen meinen häufig, sie urteilten nicht, weil sie nichts dergleichen laut aussprechen. Bewertungen finden jedoch auf einer Gefühlsebene statt. Negativ bewertende Gefühle rauben Ihnen Ihre Vitalität, vor allem dann, wenn sie innerlich konstant wiederholt werden. Um die negative Seite der Bewertungen zu verstehen, ist es hilfreich, sich einmal daran zu erinnern, wie man sich selbst fühlt, wenn man beurteilt wird, vor allem für etwas, was man gar nicht getan oder gesagt hat. Machen Sie sich klar, dass es häufig die ihnen nahe stehenden Menschen sind, über die Sie urteilen, und denen Sie ohnehin irgendwann einmal wieder vergeben – *später*. Dieser Gedanke kann es Ihnen erleichtern, zu vergeben und loszulassen, aber die wenigsten Menschen machen sich klar, welche Mengen an Stresshormonen produziert wurden, bis sie sich dazu entschlossen, irgendetwas loszulassen. In solchen Situationen kann es wirklich hilfreich sein, einen neutralen Ort im Herzen zu finden, um in Ihre Reaktion nur ein Minimum an Energie einfließen zu lassen, bis Sie vergeben und Ihren Ärger loslassen können.

Die Neutralisierungstechnik wird Ihnen helfen, nicht haltlos zwischen Erinnerungen, Bewertungen, Projektionen und Vorannahmen zu schwanken, die schließlich in eine Ärgerkaskade münden.

Die Anwendung des Werkzeugs zur Neutralisierung hilft Ihnen, sich von diesen Gedanken und Gefühlsmustern zu entfernen und das Gleichgewicht wiederherzustellen. Neutral zu sein erlaubt Ihnen, einen Schritt Abstand von Ihrem aufgewühlten Geist und Ihren aufgeladenen Gefühlen zu nehmen. Dadurch haben Sie Gelegenheit, Ihre Emotionen und Gefühle lang genug zu unterbrechen, um die Konsequenzen und Entscheidungsmöglichkeiten abzuschätzen: Möchten Sie diese negativen Emotionen verstärken, die zur Produktion von Stresshormonen führen und Ihrem System die Energie rauben? Oder möchten Sie diesen Stress lieber vermeiden, indem Sie sich in der Neutralität abkühlen, bis sich Ihre Emotionen gelegt haben und Sie klarer erkennen können, um was es wirklich geht, um dann das zu tun, was in Ihrem besten Interesse steht? Können Sie sich noch daran erinnern, wie elend Sie sich gefühlt haben, als Sie Ihrer Ärgerkaskade das letzte Mal freien Lauf gelassen haben? Wollen Sie den Kontakt zu dem Menschen, über den Sie verärgert sind, wirklich abbrechen und es hinterher vielleicht bereuen?

Sie können sehr schnell zu innerer Neutralität gelangen, wenn Sie die Kraft Ihres Herzens einschalten. Und das geht folgendermaßen:

✎ *Die Neutralisierungstechnik*

1. Nehmen Sie sich eine Auszeit, so dass Sie sich vorübergehend von Ihren Gedanken und Gefühlen trennen, vor allem von den stressgeladenen. Tauchen emotionale Auslöser auf, registrieren Sie einfach, dass da gerade etwas ausgelöst wird. Sobald Sie den Auslöser spüren, sagen Sie „Auszeit" und nehmen Abstand von einer Reaktion.

2. Verlagern Sie Ihre Aufmerksamkeit auf den Bereich Ihres Herzens. Spüren Sie nun, wie Ihr Atem durch Ihr Herz einströmt und durch den Solarplexus ausströmt. Wiederholen Sie diese Art des Atmens mehrere Male, um leichter ins Herz zu gelangen und dort die Auszeit zu verbringen.

3. Sagen Sie sich selbst „Werde neutral" und vermeiden Sie daraufhin, Ihre Gedanken oder Gefühle zu diesem Thema in eine bestimmte Richtung zu lenken. Bleiben Sie in Ihrem Herzen so lange neutral, bis Ihre Emotionen nachlassen.

Denken Sie an eine emotional geladene Situation und probieren Sie dieses Werkzeug sofort daran aus. Die Erinnerung allein kann bereits einige der Emotionen wieder hervorrufen, die mit dieser Situation verknüpft sind. Wenden Sie beim Auftauchen der Emotionen die Neutralisierungstechnik an und schauen Sie einmal, ob Sie dadurch nicht anfangen können, einige Ihrer Reaktionen zu zähmen. Sollten Sie erneut in die Ärgerkaskade zurückfallen, fangen Sie noch einmal von vorne an, die einzelnen Schritte der Neutralisierungstechnik durchzugehen. Es kann sein, dass Sie dieses Werkzeug zur Neutralisierung ein Dutzend Mal oder häufiger einüben müssen, bevor Ihre Herzenskraft stark genug ist, um neutral bleiben zu können. Das ist völlig in Ordnung. Man kann diesen Prozess mit dem Trainieren eines Muskels vergleichen: Beides bedarf der Übung. Nutzen Sie zusätzlich noch das Einatmen innerer Haltungen aus Kapitel 3, um Ihre Neutralität durch verstärkte Herzenskraft zu stützen, und atmen Sie Anerkennung für Ihre Anstrengungen und jeglichen Fortschritt ein. Sollte es Ihnen nicht gelingen, eine wertschätzende Haltung zu finden, atmen Sie einfach eine Haltung des Mitgefühls oder der Neutralität durch Ihr Herz und den Solarplexus, damit diese in Ihrem System verankert wird.

Wenn es Ihnen ganz oder zumindest teilweise gelungen ist, gegenüber der von Ihnen ausgewählten emotional geladenen Situation eine neutrale Haltung zu finden, denken Sie nun vielleicht ein wenig anderes über diese Situation. Wie anders könnte Ihrer Meinung nach Ihr Leben aussehen, wenn Sie dieses Werkzeug zur Neutralisierung häufiger einsetzen würden? Notieren Sie sich zu Ihrer eigenen Erinnerung alle neuen Gedanken, Gefühle und Erkenntnisse in Ihrem Tagebuch. Beschreiben Sie mit eigenen Worten, wie sich die Neutralität für Sie angefühlt hat.

Von einem neutralen Standpunkt aus eröffnen sich Ihnen mehrere Möglichkeiten. In diesem Zustand müssen Sie keiner alten Erinnerung, Projektion oder Annahme Glauben schenken. Sie gelangen an einen Punkt, an dem Sie ehrlich zugeben können, nicht alle Fakten zu kennen und sich deshalb entscheiden können, nicht zu reagieren. Wenn Sie erst einmal in der Neutralität angekommen sind, haben Sie den Spielraum, Fragen zu stellen, wie beispielsweise „Was wäre, wenn alles ganz anders ist, als ich denke?“ oder „Was wäre, wenn es etwas gibt, was ich nicht weiß?“ oder „Was wäre, wenn ich wirklich keine Ahnung habe?“. Ihrem Herzen einfach aus einem neutralen Standpunkt heraus die Frage zu stellen „Was wäre, wenn ...?“, öffnet das Tor zu einer neuen Intelligenz – oder für Einsichten, die Sie früher schon einmal hatten und die Ihnen nun wieder zugänglich werden. Die Einstellung „Ich weiß nicht“ hilft dem Verstand, bescheiden zu werden und sich dem Herzen zu ergeben, so dass die intuitive Herzintelligenz zum Tragen kommen kann.

Wenn Sie neutral werden, nutzen Sie Ihre emotionale Kraft. Neutralität macht ein Thema unpersönlicher, so dass Sie nicht in die eine oder die andere Richtung übertreiben. Sie macht geduldiger und lässt zu, dass auch andere Möglichkeiten sich zeigen können.

Neutralität ist der Ort in Ihnen, an dem Ihr weises Selbst mit Ihrem verstörten Selbst in einen Dialog eintreten und Ihnen viel Kopfschmerzen und emotionalen Unfrieden ersparen kann – wenn Sie auf es hören.

Im Herzen neutral zu werden erfordert Übung. Warum? Weil wir in der Regel versuchen, unsere *Gedanken* zu neutralisieren, bevor wir gelernt haben, unsere *Gefühle* zu neutralisieren. Man sagt zueinander: „Bleib halt neutral" oder „Ich stehe dem Ganzen neutral gegenüber – und du?" Diese Frage können Sie zwar mit „Ich auch" beantworten, verstandesmäßige Neutralität werden Sie jedoch nicht lange aufrechterhalten können, wenn nicht auch Ihre Emotionen und Ihr Herz neutral geworden sind.

Hochgradig explosive Gefühle lassen sich nicht auf der Stelle umwandeln. Manchmal gelingt das nur zum Teil. Neutralität in einem solchem Fall bedeutet, vorübergehenden Frieden mit dem zu schließen, was sich eigentlich nicht friedlich anfühlt. Mit anderen Worten: Es bedeutet, die Technik der Neutralisierung dort anzuwenden, wo Sie sich immer noch gestört fühlen, denn dadurch kann wenigstens ein Teil der Störung neutralisiert und ausgeschaltet werden.

Das Herz empfindet anders

Ihr Herz meldet dem Gehirn und dem Rest des Körpers unaufhörlich den Zustand, in dem es sich befindet. Diese Kommunikation des Herzens geschieht auf neurologischen, hormonellen, vaskulären und elektromagnetischen Wegen. Das Herz hilft dem gesamten System, eine zunehmende Ordnung, Bewusstheit und Kohärenz herzustellen. Aus diesem Grund steht Ihnen eine größere Intelligenz zur Verfügung, wenn Sie auf Ihr Herz hören. Die Intelligenz Ihres Herzens zeigt sich in Form von Intuitionen oder Wahrnehmungen, die sich anders *anfühlen* als Projektionen, bewertende Gefühle oder Vorannahmen. Sie werden lernen, diesen Unterschied selbst zu spüren.

Kay war sich unsicher, welche Gefühle aus ihrer Intuition stammten und worin der Unterschied zu den bewertenden Gefühlen lag. „Schließlich habe ich gemerkt, dass meine intuitiven Gefühle von einem Gefühl des Friedens oder der Leichtigkeit oder zumindest der Neutralität begleitet werden. Meine bewertenden Gefühle ziehen negative Reaktionen wie Verärgerung, Verletzung oder Ärger nach sich. Das finde ich ganz interessant." Kay fährt fort:

Es war wieder einmal so ein Tag, an dem mich mein Mann wegen irgendetwas bei der Arbeit anrief. Ich weiß gar nicht mehr, worum es eigentlich genau ging, aber ich erinnere mich noch an das Gefühl. Ich spürte Ärger in mir aufkommen und wurde am Telefon sehr ruhig. Ich wusste genau, wenn ich jetzt etwas zu dem äußern würde, was ich in diesem Moment dachte, würde ich es später bereuen. Ich legte den Telefonhörer auf und musste mich wieder meiner Arbeit widmen, war dazu jedoch nicht in der Lage. Ich war viel zu verärgert. Ich atmete tief durch und entschloss mich, mir ein paar Minuten Zeit zu nehmen, um mich zu beruhigen, in meinem Herzen neutral zu werden und irgendetwas zu suchen, was ich anerkennen konnte, um wieder kohärent zu werden. Ich überlegte, was ich an meinem Mann schätze. Im Geiste erstellte ich eine ganze Liste und fing an, alles, was ich an ihm und unserem gemeinsamen Leben schätzen konnte, wirklich zu fühlen – nicht nur daran zu denken. Danach ging es mir besser und ich konnte mich wieder meiner Arbeit zuwenden.

Als ich nach Hause kam, fragte mich mein Mann: „Na, wie lange warst du nach unserem Gespräch noch wütend?" Lächelnd antwortete ich ihm: „Oh, ungefähr fünf Sekunden lang. Ich habe mich einfach nur daran erinnert, was ich an dir schätze, und damit war der Ärger verflogen." Verwundert wollte er wissen, was ich da zusammengetragen habe. Der gemeinsame Abend wurde fantastisch.

Der Mut, aufs eigene Herz zu hören

Es gehört Mut dazu, auf die Intuition des Herzens zu hören, weil die Botschaft des Herzens häufig als zu sanft, zu einfach oder zu leicht erscheint. Die Intuition Ihres Herzens könnte Ihnen beispielsweise sagen: „Lass es doch einfach los" oder „Das ist doch nicht der Rede wert", und Sie könnten Angst bekommen, irgendjemandem einfach etwas durchgehen zu lassen oder von einem anderen Menschen „überfahren" zu werden. Man braucht Stärke, um dem Rat des Herzens zu folgen und abzuwarten, ob sich dieser Rat als effektiv herausstellt oder nicht. In solchen Zwischenmomenten, in denen Ihr Herzrhythmus kohärenter und Ihr System ausgeglichener ist, öffnet sich ein Fenster für die Gelegenheit, das zu hören und zu tun, was Ihnen die Intuition Ihres Herzens vorschlägt und gegen beginnende Unsicherheit und emotionale Projektionen anzugehen.

Sobald Sie lernen, Ihre Ärgerauslöser aus der Perspektive des Herzens zu betrachten, wird Ihr Leben interessanter werden. Sie sind besser darauf vorbereitet, emotionale Auslöser zu erkennen und die Geschosse abzufangen. Außerdem werden Sie mehr Kraft besitzen, Gedanken, die sich in Ihrem Kopf drehen und den Ärger immer wieder neu anfachen, zu unterbrechen. Bleiben Sie ernsthaft und aufrichtig dabei, die Neutralisierung zu üben, so dass sich Ihre Gefühle verändern, weil Sie Ihre Herzenskraft einsetzen und nicht die Kraft Ihres Verstandes. Ihre Herzenskraft kann Ihre Emotionen wirkungsvoll verändern, so dass Sie von den Emotionen nicht mehr so gebeutelt werden.

Kapitel 5

Lernen Sie Ihren Kopf vom Herzen her kennen

Haben Sie erst einmal gelernt, mit Ihrer Herzintelligenz zu reagieren, wenn irgendetwas in Ihnen ausgelöst wird, liegt Ihr Leben wieder in Ihrer Hand. Sie sind weder Ihren eigenen starken Emotionen und alten Verletzungen noch denen anderer Menschen weiterhin auf Gedeih und Verderb ausgeliefert. Sie bauen Ihre neuronalen Schaltkreise so um, dass Kohärenz zur Norm wird, wodurch sich wiederum die Linse Ihrer Wahrnehmung vergrößert und Sie zu neuen Einsichten über sich selbst und andere gelangen können. Jetzt verstehen Sie, was Mark Twain mit dem Ausspruch meinte „Man lernt einen Menschen nicht durch die Augen oder den Intellekt kennen, sondern durch das Herz."

Alte Reaktionsmuster, die auf Projektionen, unflexiblen Einstellungen, Alles-oder-nichts-Denken und automatischen Reaktionen beruhen, lassen sich leichter verändern, wenn Sie einmal erkannt haben, dass *alle aus der gleichen Quelle stammen:* irgendetwas hat sich „im Kopf festgesetzt", das nicht mehr im Einklang mit Ihrem tieferen Selbst steht. Ihr tieferes Selbst wohnt in Ihrem Herzen, in jener Sicherheit, die sich ausbreitet, wenn Sie im Gefühl der Anteilnahme und Wertschätzung zentriert sind.

Wenn Sie unterscheiden können, ob Sie „im Kopf" oder „im Herzen" sind, erschließt sich Ihnen Ihr wahres Selbst. Es ist wie mit zwei verschiedenen Radiosendern. Haben Sie den Herzsender eingeschaltet, ist auch Ihre innere Haltung darauf ausgerichtet und Sie finden zufriedenstellende Antworten.

Die Kraft zur Veränderung

Wenn Sie sich wirklich ändern wollen, wird Ihr Herz Sie unterstützen. Ihr Herz möchte aus der Ärgerfalle herauskommen und die Verletzungen, den unterschwelligen Ärger und die damit verbundenen Beeinträchtigungen nicht länger ertragen. Ihr Herz wird Sie motivieren, Ihre Beziehungen zu verbessern, Ihren Job zu behalten oder vielleicht sogar verhindern, dass Sie im Gefängnis landen.

Zur Motivation gehört Liebe. Gefühle der Anteilnahme und Anerkennung sorgen dafür, dass Sie aus alten Verletzungen und Groll herauskommen, wenn Ihnen bewusst wird, dass Sie nicht länger an ihnen festhalten müssen, um sich sicher zu fühlen. Liebe ermöglicht Ihnen die Wahrnehmung durch ein Weitwinkelobjektiv. Schauen wir beispielsweise Sam an. Sam war ständig verärgert über seine Eltern. Jeder Besuch löste neuen Ärger aus. Dann verliebte sich Sam. In dieser Hochstimmung und dem Gefühl, toll zu sein, sah er seine Eltern plötzlich mit ganz neuen Augen. Ihre Reaktionen machten ihm nichts mehr aus. Sie perlten nun an ihm ab wie das Wasser vom Rücken einer Ente, während er vorher noch am liebsten hunderte Kilometer weit geflüchtet wäre. Wie ist so etwas möglich?

Wenn Sie verliebt sind, ist Ihr Herz viel offener. Die Hormone, die durch das Verliebtsein freigesetzt werden, wirken wie ein Puffer zwischen einzelnen Situationen und Ihren Reaktionen darauf. Den gleichen Puffer können Sie sich innerlich aufbauen. Sie müssen nicht erst abwarten, bis Sie sich verlieben. Wenn Sie lernen, in Ihrem eigenen System mehr Liebe aufzubauen, erschaffen Sie sich diesen Puffer, so dass Sie auf Menschen oder Situationen nicht mehr mit einer wütenden Überlebensreaktion antworten müssen, sondern mit einer *zentrierten* und sicheren Reaktion. Die Herzwerkzeuge verschaffen Ihnen Sicherheit und eine innere Sicherheit verleiht Ihnen die Kraft zur Veränderung.

Dem Herzen geht es wirklich um eine Umwandlung. Die Natur hat das so angelegt. Ihr Herz verwandelt die Physiologie des Ärgers, die an Ihrem System zehrt, in eine Physiologie der Liebe, die Ihnen zu Ganzheit und Effektivität verhilft. Dies können Sie erreichen, indem Sie die Emotion des Ärgers durch echte Anteilnahme ersetzen. Gefühle der Anteilnahme und Wertschätzung sind die Bausteine der Liebe.

Wenn Sie Ihren Ärger durch Anteilnahme ersetzen, haben Sie sich für eine effektivere Emotion entschieden. Anteilnahme verändert die Wahrnehmung. Anteilnahme ist ein Teil der Intelligenz, die Ihr gesamtes System dazu veranlasst, harmonischer und effektiver auf die Widrigkeiten des Lebens zu reagieren. Anteilnahme gibt Ihnen einen Rhythmus. Das Leben geht seinen Gang und manches läuft dabei nicht wie gewünscht. Anteilnahme, die Sie in sich selbst erzeugt haben, ermöglicht Ihnen, auf Rückschläge, innere Widerstände und Unannehmlichkeiten intelligenter und mit weniger Energieverlust zu reagieren. Das könnte folgendermaßen aussehen:

Nehmen wir an, Sie befinden sich in einem überfüllten Flughafen und sind für Ihre Maschine schon recht spät dran. Sie beginnen damit, sich besorgt durch die Menge zu drängeln, stoßen mit Menschen und Gepäck zusammen und sind frustriert, weil Sie nicht so schnell vorankommen, wie es nötig wäre. Sie ärgern sich über jeden, der Ihnen in die Quere kommt. Ihr Kopf ist Ihr Steuermann. Sobald Sie sich einen Moment Zeit nehmen, um sich in Ihrem Herzen zu zentrieren und zu einer anteilnehmenden und wertschätzenden Haltung zu gelangen, kommen Sie in einen anderen Fluss. Plötzlich nehmen Sie die Lücken in der Menschenmenge wahr und fühlen Ihren Weg durch die Menge, tanzen in einem innerlich spürbaren Rhythmus um Hindernisse herum und erreichen Ihren Terminal mit minimalen Energieaufwand. Das alles ist möglich, sobald Sie sich auf Ihren Herzrhythmus einschwingen.

Der Rhythmus des Herzens ist subtil. Um ihn bei Bedarf aufzuspüren, müssen Sie einen neuen sicheren Bezugspunkt in sich finden, aus dem heraus Sie reagieren – einen Ort der Herzintelligenz. Dieser Bezugspunkt wird sich anders anfühlen als der Ort, von dem Ihre „Kopfreaktionen“ gesteuert sind, aber Sie werden lernen, ihn zu erkennen. Worin besteht der Unterschied?

Wie fühlen sich Kopfreaktionen an – und wie Reaktionen aus dem Herzen?

Haben Sie jemals innegehalten, um dem unaufhörlichen Geschwätz in Ihrem Kopf zuzuhören? Hier folgen einige Beispiele für das, was im Kopf eines Menschen vor sich geht, der schnell frustriert oder verärgert ist:

Beim Autofahren: „Wie lang soll das denn noch dauern?“, „Dieser verdammte Verkehr!“, „Blöder Fahrer, hält alle anderen auf.“, „Wann werden die endlich die Straße verbreitern? Wir zahlen Steuern und nichts passiert.“, „Sie hat mich absichtlich geschnitten!“ (Es folgt der Autofahrergruß.)

Zu Hause: „Warum herrscht in dieser Wohnung immer so ein Chaos?“, „Es ist ihm einfach egal.“, „Ich kann es nicht mehr ausstehen, dass die Kinder nichts wegräumen.“, „Keiner denkt an mich“, „Wo ist die Fernbedienung?“, „Warum hat niemand Sprudel eingekauft?“, „Warum steht das Essen noch nicht auf dem Tisch?“, „Schau mich bloß nicht so an!“ (Explosion)

Am Arbeitsplatz: „Was denkt sie denn eigentlich, wer sie ist? Es ist einfach unfair, dass sie die angenehmen Aufgaben bekommt und der ganze Mist bei mir liegen bleibt – das macht mich rasend.“, „Er kriecht immer vor dem Boss.“, „Es ist unmöglich, fertig zu werden, dieser verdammte Drucker hat ständig einen Papierstau!“ (Die Papierlade wird zugeknallt und geht dabei kaputt.)

Im Supermarkt: „Warum sind nicht mehr Kassen geöffnet? Die lassen uns hier einfach herumstehen wie Vieh – die müssen doch wissen, dass wir vielbeschäftigt sind.“, „Und was das alles kostet! Aber das ist denen ja ganz egal.“, „Diese blöde Mutter kann ihr Kind einfach nicht dazu bringen, endlich die Finger von den Süßigkeiten zu lassen. Irgendjemand sollte dem Blag mal eine Lektion erteilen.“ (Kopfschütteln, der Blutdruck steigt.), „Dieser Platz ist ein Saustall. Nix wie raus!“ (Türenknallen, wildes Autofahren, die Frustration am Hund, den Kindern, dem Partner auslassen – wer einem eben gerade als nächstes über den Weg läuft oder was als nächstes ansteht.)

Dies sind alles Beispiele für Situationen, in denen Ihre Bewertungen Sie in der Hand haben und Sie sich berechtigt fühlen, abwertend und verärgert zu sein. Vielleicht hat Sie die emotionale Telepathie erwischt. Schließlich reagieren andere Fahrer ebenso auf Ihre Fahrweise und bewerten möglicherweise auch Sie. Am Arbeitsplatz verurteilen und beschweren sich auch die anderen. Zu Hause sind andere Familienmitglieder frustriert, vielleicht sogar wegen Ihnen. Menschen, die selbst verärgert sind, scheinen die emotionale Energie anderer Menschen anzufachen. Das Herz wird nur gelegentlich gehört, weil es im Lärm des Kopfes untergeht. Selbst wenn Sie hören, dass die Intuition Ihres Herzens Ihnen eine andere Reaktion vorschlägt, wird ein solcher Vorschlag leicht verworfen und letztlich doch wieder auf den Kopf gehört. Oder Sie tun die Stimme des Herzens als ineffektiv ab. Ärger verschafft Ihnen einen größeren Adrenalinschub.

Wenn Sie dem Lärm des Kopfes nachgeben, bleiben Sie in einer Abwärtsspirale von Vorwürfen und Ärger gefangen. Sie besitzen jedoch die Kraft, dem zu entkommen, indem Sie immer bewusster auf die Stimme des Herzens mit ihrem gesunden Menschenverstand achten. *Sie können damit anfangen, diese Stimme in sich zu verankern und selbstbestimmter zu leben, indem Sie ein Herzwerkzeug anwenden wie beispielsweise das Einatmen innerer Haltungen oder die Neutralisierungstechnik. Die Intuition oder Intelligenz Ihres Herzens wird sich dann lauter zu Wort melden.*

Was wird das Herz sagen? Der Ton, den es anschlägt, unterscheidet sich sehr von dem Ton des Kopfes. Die folgenden Beispiele sind typisch für die Sprache des Herzens:

Beim Autofahren: „Der Verkehr bewegt sich erst wieder, wenn es möglich ist – es lohnt sich überhaupt nicht, sich darüber aufzuregen. Schalte den CD-Player ein und höre dir gute Musik an." „Die Frau dort ist wirklich ziemlich durch den Wind. Hab ein Herz für sie."

Zuhause: „Ich mag es wirklich nicht, wenn hier eine solche Unordnung herrscht. Wir müssen einen besseren Plan aufstellen, wie wir das Haus in Ordnung halten können. Ich will mit Peter und den Kindern nach dem Essen darüber reden. Ohne Fernsehen und andere Ablenkungen, solange, bis wir einen Plan aufgestellt haben. Wir sollten auch die Konsequenzen dafür festlegen, falls jemand die Vereinbarungen, die wir gemeinsam getroffen haben, nicht einhält, und ebenso entsprechende Belohnungen für das Einhalten der Vereinbarungen. Wenn wir diese Beschlüsse gemeinsam treffen, könnte das sogar Spaß machen."

Am Arbeitsplatz: „Momentan ist's anstrengend. Jeder rennt herum und versucht nur noch, seinen Job zu behalten. Ich muss ruhig bleiben und darauf achten, mit meiner Energie hauszuhalten, nicht zu lästern und meine Pausen wirklich einzuhalten. Meine Intuition sagt mir, dass es eine gute Idee wäre, den einen oder anderen besser kennen zu lernen, vielleicht ab und zu einmal gemeinsam zu Mittag zu essen."

Im Supermarkt: „Das war wirklich keine gute Planung. Die Kassiererin schaut aus, als ob sie schon zwölf Stunden gearbeitet hat – ich schicke ihr ein paar liebevolle Gedanken. Mal sehen, welche der Zeitschriften aus dem Regal ich inzwischen während der Wartezeit lesen kann."

Oft genug wissen Sie in Ihrem Herzen, was das Richtige wäre, und wollen es auch wirklich tun, aber weil noch irgendetwas fehlt, können Sie es letztlich doch nicht durchziehen. Viele Menschen reden davon, dass sie es „besser wüssten", aber das alleine verändert noch nichts, daraus entsteht noch kein „besseres Handeln". *Die Technik des Heart Lock-In, die wir später in diesem Kapitel vorstellen, wird Ihnen helfen, das zu finden, was noch fehlt – den neuen Bezugspunkt in Ihrem Herzen.* Wenn Sie ein wenig besser verstehen, was im Kopf vor sich geht und wie die Emotionen dort gespeichert werden, können Sie die Heart Lock-In Technik höchst wirkungsvoll einsetzen.

Der Mechanismus emotionaler Geschichten

Alles, was der Kopf bewertet, bekommt sein Gewicht durch die Macht der emotionalen Erinnerungen. Die Gefühle, die Sie in der Vergangenheit hatten, sind zu Ihrer *emotionalen Geschichte* geworden und diese wird in der *Amygdala* gespeichert, einer mandelgroßen Struktur im Gehirn. Geschieht Ihnen in der Gegenwart etwas Ähnliches wie bereits in der Vergangenheit, löst die Amygdala automatisch eine Reaktion aus, die der damaligen Erfahrung entspricht.

Eine gegenwärtige Angst kann durch eine frühere Situation, die einen starken emotionalen Eindruck hinterlassen hat, ausgelöst worden sein. Je stärker die negative emotionale Beteiligung in der Vergangenheit war, desto heftiger wird die gegenwärtige Angst sein. Don zum Beispiel wurde von einer Frau abgewiesen, die er geliebt hatte. Er erwischte sie mit einem andern Mann und sie packte ihre Sachen und verließ ihn. Don war zutiefst verletzt und er brauchte Jahre, um über seinen Schmerz und die Wut hinwegzukommen. Heute bekommt er jedes Mal Angst, wenn seine neue Partnerin mit einem anderen Mann auch nur redet. Diese Angst wird so schnell ausgelöst, dass der kognitive Bereich seines Gehirns gar keine Zeit hat zu überprüfen, ob diese Angst überhaupt angebracht ist. Don reagiert einfach nur, wird sauer und wütend. Dieser Vorgang geschieht, weil die Amygdala sich nach dem richtet, was sie kennt – sie versucht, zwischen dem, was im Moment geschieht, und dem, was früher einmal geschehen ist, eine Übereinstimmung zu finden. Sobald Don etwas als Bedrohung wahrnimmt oder als etwas, was einer Bedrohung nahe kommt, löst seine Amygdala eine Reaktion aus, die ursprünglich aus seiner emotionalen Geschichte herrührt. Die Amygdala sendet die Botschaft „Angst“ an die Frontallappen des Gehirns, die für die angemessenen Handlungen zuständig sind. Solange diese Angst nicht durch etwas anderes überlagert wird, entscheidet sich Dons Gehirn, auf diese Angst zu reagieren, selbst wenn diese Reaktion irrational ist (Pribram 1991).

Erinnern Sie sich noch an Karla aus dem 4. Kapitel? Als Karla auf dem Weg zu ihrer Verabredung zum Mittagessen war, führte ihre emotionale Geschichte dazu, dass Angst ausgelöst wurde. Auf diese Angst projizierte sie ein altes Erinnerungsbild und prompt ärgerte sie sich. Die Amygdala speichert die Muster, die aufgrund starker Emotionen entstehen. Diese verfestigten Muster üben einen starken Sog aus, der Sie in alten Reaktionsweisen gefangen hält. Haben Sie sich selbst jemals dabei ertappt, genauso zu reagieren und zu sprechen wie Ihre Mutter oder Ihr Vater? Die emotionalen Muster dieser beiden Menschen haben Sie stark geprägt und deshalb reagieren Sie heute genauso wie Ihre Eltern.

Die folgende Geschichte ist ein weiteres Beispiel dafür, wie emotionale Geschichten die Schaltkreise des Gehirns beeinflussen: John wurde als Kind von einem Hund gebissen. Der Biss tat weh und John war erschrocken. Dieser Vorfall wurde in Johns emotionalem Gedächtnis gespeichert, obwohl John ihn auf einer bewussten Ebene total vergessen hatte. Sobald John heute einen Hund sieht – und sei es ein noch so kleiner Hund –, vergleicht sein Gehirn das Bild dieses Tieres mit seinen gespeicherten Erinnerungen. Dort findet es eine entsprechende Erinnerung an „Hund“ und „gebissen werden“ und dadurch wird das Gefühl der Angst ausgelöst. Dieses Gefühl wiederum beeinflusst die kognitiven Zentren im Gehirn und bestimmt, was John über Hunde denkt. Zweifellos ist seine Reaktion auf Hunde ein „Kopfgefühl“: eine Bewertung, dass Hunde generell gefährlich sind. John wird von seiner emotionalen Geschichte gesteuert – von

Gefühlen der Unsicherheit, die dem Kopf entspringen, nicht dem Herzen.

Solche Erinnerungen gibt es natürlich nicht nur mit großen und kleinen Hunden, sie beinhalten vielmehr alles, was sich emotional stark eingeprägt hat. Bei Opfern von Gewalt oder Missbrauch kann die Amygdala bereits Gefühle der Angst und darauf folgende wütende Gedanken auslösen, sobald jemand diese Personen nur komisch ansieht. Alle Erfahrungen der Gegenwart – mit Menschen, Orten und Situationen – veranlassen die Amygdala, nach einer Entsprechung in der Vergangenheit zu suchen. Das ist an sich nichts Schlechtes. Vielmehr handelt es sich dabei um einen eingebauten Schutzmechanismus, der unserem Überleben dient. Solange Sie jedoch nicht gelernt haben, Ihr Herz in diesen Prozess mit einzubeziehen, werden Sie manchmal mit Gefühlen von Ärger, Angst oder Furcht reagieren, die durch Ihre emotionale Geschichte ausgelöst wurden. Als Mensch sind Sie jedoch in der Lage, Ihr Herz soweit zu entwickeln, dass Sie diese Prägungen verändern können.

Verfestigte Reaktionsmuster lassen sich verändern

Die Prägungen, die durch Dons Zurückweisung, Johns Hundebiss, die emotionalen Charakterzüge Ihrer Eltern oder durch Gewalt- und Missbrauchserlebnisse entstanden sind, können verändert werden – und hierbei spielt die Kohärenz des Herzens eine wichtige Rolle. Ein kohärenter Herzrhythmus transformiert die Funktionen Ihres Gehirns. Untersuchungen von Frysinger und Harper 1990 haben darauf hingewiesen, dass *die Zellen der Amygdala mit dem Herzen synchron arbeiten.* Ein inkohärenter Herzrhythmus ruft eher Gefühle der Unsicherheit hervor, während ein kohärenter Herzrhythmus zum Gefühl der Sicherheit beiträgt, das hilfreich ist, wenn es darum geht, negative Prägungen zu überwinden.

Eine Umwandlung findet durch den Mechanismus der Liebe statt. Positive Gefühle wie Wertschätzung, Anteilnahme und Mitgefühl sind Aspekte der Liebe und sie führen zu einem kohärenten Herzrhythmus. Ein kohärenter Herzrhythmus löst einen Umwandlungsprozess aus, indem er die Signale verändert, die von Ihrem Herzen an Ihre Amygdala, Ihren Hypothalamus (das Kontrollzentrum, das die Hirnaktivitäten synchronisiert) und anschließend an die Frontallappen Ihres Gehirns gesendet werden.

Die Kohärenz des Herzens aktiviert die Intelligenz. Wenn Kopf und Herz synchron arbeiten, ist es für das Gehirn leichter, effektiv und vernetzt zu arbeiten. Sie können mehrere Entscheidungsmöglichkeiten wahrnehmen. Kopf und Herz in Einklang zu bringen bedeutet, Lösungen zu erkennen, die Ihnen vorher nicht zugänglich waren, und so zu handeln, wie es für alle Beteiligten am besten ist.

Mit einiger Übung können Sie die kohärente Kraft Ihres Herzens dazu benutzen, Ihrer Amygdala ein neues Muster für Sicherheit einzuprägen. Jeder von uns hat die Macht, Muster auszusortieren, die uns nicht länger dienlich sind. Sie können ein altes Muster genauso auslöschen wie eine alte Tonbandaufnahme. Sie benötigen nur die Entschlossenheit des Herzens und einige Übung, um Ihr Gehirn neu zu programmieren; um jedoch zu erleben, wie der Mechanismus der Umwandlung funktioniert, müssen Sie die Herzwerkzeuge benutzen.

Sich für die Intelligenz des Herzens entscheiden

Es ist wichtig, sich darüber klar zu werden, wie die emotionalen Geschichten Sie beeinflussen und häufig sogar bestimmen. Wenn Sie das einmal verstanden haben, liegt es bei Ihnen, sich Ihre automatisch ablaufenden Reaktionen bewusst zu machen und die Herzwerkzeuge dazu zu nutzen, Angst, Sorge, Frustration und Ärger zu reduzieren. Die Herzwerkzeuge werden Ihnen dabei helfen, mehr aus Ihrer Herzintelligenz heraus zu reagieren, während Sie sich immer mehr von dem Sog jener emotionalen Erinnerungen befreien, die Ihnen nicht mehr nützlich oder hilfreich sind.

Ihr Herz wird Ihnen immer das erzählen, was Sie zu hören bereit sind. Mit zunehmender emotionaler Reife entfaltet sich auch die Intuition Ihres Herzens. Je häufiger Sie aus dem Herzen anstatt aus dem Kopf heraus reagieren, desto eher werden Sie ein neues Verständnis für den Umgang mit den Dingen finden, die Ihren Ärger auslösen, und Ihre emotionalen Geschichten hinter sich lassen können. Sie werden an einen Punkt kommen, an dem Sie erkennen, wann Ihre Reaktion dem alten „Kopfselbst" entspringt, und sich dann entscheiden, in Ihr Herz zu gehen und Ihr wahres Selbst zu finden.

Die Technik des Heart Lock-In wurde entworfen, um Ihnen dabei zu helfen, Kohärenz aufzubauen und aufrechtzuerhalten und die Kopf- und Herzstimme besser voneinander unterscheiden zu können. Emotionale Kohärenz bleibt erhalten, wenn Sie Ihre Aufmerksamkeit auf den Bereich Ihres Herzens konzentrieren und lernen, sich selbst oder anderen von dort aus positive Gefühle zu senden. Sollten in dieser Zeit emotionale Geschichten und verfestigte Reaktionsmuster auftauchen, schicken Sie ihnen Liebe. Sollten auftauchende Gedanken Sie in Ihren Kopf zurückziehen, lenken Sie Ihre Aufmerksamkeit wieder zurück in Ihr Herz. Bleiben Sie dabei, Ihre Energie vom Kopf abzuziehen und die Kraft aufzubauen, im Herzen zu verweilen.

Die Natur hat es so angelegt, das Ihr Kopf mit den tieferen Absichten Ihres Herzens in Einklang kommen kann. Es könnte Ihnen einen bisher nicht gekannten Spaß bereiten, Ihr Herz zu Ihrer Kommandozentrale zu ernennen und ihm zuzuhören. Diese neue Art von Freude besteht darin, dass Sie die Macht über sich zurückgewinnen und nicht mehr automatisch reagieren – so wie es dem alten Weg des Kopfes entsprechen würde. Sollten Sie in alte Reaktionsmuster zurückfallen, ersetzen Sie das Gefühl, sich deswegen schlecht zu fühlen, durch Mitgefühl für sich selbst. Das Mitgefühl wird Sie schnell wieder in den Zustand emotionaler Kohärenz zurückversetzen. Sie hören auf, Ihre Energie mit Selbstvorwürfen und Beschuldigungen anderer zu vergeuden. Sie beenden den Schmerz, der in Ihnen nagt. Sie setzen Ihre Energien und Kräfte für die Dinge frei, die Ihnen am wichtigsten sind. Sie bewahren sich Ihre Gesundheit und setzen sich für gelingende Beziehungen ein. Selbst wenn Sie schmerzvolle Erfahrungen der Unfreundlichkeit oder Unfairness nicht immer vermeiden können, können Sie doch entscheiden, wie Sie mit Ihren Emotionen umgehen wollen. Was zählt, ist Ihre Entscheidung.

Die Technik des Heart Lock-In

1. Richten Sie Ihre Aufmerksamkeit sanft auf den Bereich Ihres Herzens.

2. Verändern Sie Ihren Atem so, dass Sie ins Herz hineinatmen und durch den Solarplexus ausatmen.

3. Aktivieren Sie ein Gefühl aufrichtiger Wertschätzung oder Anteilnahme für eine Person oder eine Situation in Ihrem Leben.

4. Bemühen Sie sich ernsthaft darum, diese Gefühle der Wertschätzung oder Anteilnahme, die sich auf Sie oder andere beziehen, aufrechtzuerhalten.

5. Wenn Sie sich dabei ertappen, dass Ihre Gedanken abschweifen, lenken Sie Ihren Atem wieder sanft zu Ihrem Herzen und Ihrem Solarplexus zurück und verbinden Sie sich erneut mit dem Gefühl der Anteilnahme oder der Wertschätzung.
Erhalten Sie diese Gefühle der Anteilnahme und Wertschätzung auch nach Beendigung der Übung so lange wie möglich aufrecht. Das wirkt wie ein Puffer gegen erneut auftretenden Stress oder Ängste.

Mit ein wenig Übung werden Sie sich bald an die fünf Schritte des Heart Lock-In erinnern können. Danach lässt sich die gesamte Technik in einer vereinfachten Kurzfassung durchführen:

Heart Lock-In-Kurzfassung

- Konzentrieren
- Wertschätzen
- Aufrechterhalten

Üben Sie das Heart Lock-In mit dem Ziel, tiefer in Ihr Herz zu gelangen und dort fünf Minuten oder länger zu verweilen. Es ist in Ordnung, sich eine Person oder Situation vorzustellen, wie zum Beispiel ein Kind, das Sie lieben, oder einen Platz in der Natur, den Sie schätzen, um zu einem aufrichtigen Gefühl der Wertschätzung, Anteilnahme oder Liebe zu gelangen. Danach ist es jedoch auch wieder wichtig, diese Visualisierung loszulassen und sich darauf zu konzentrieren, das Gefühl oder die Einstellung durch Ihren Körper hindurch zu spüren oder auf andere Personen ausstrahlen zu lassen.

Versuchen Sie, Ihre Konzentration zwischen dem Herzen und dem Solarplexus zu halten, um Ihre Aufmerksamkeit dort zu verankern. Beobachten Sie Ihre Tendenz, sich wieder in den Kopf zurückziehen zu lassen. Achten Sie auf diese innere Dynamik und bringen Sie dann Ihre Energie zum Herzen zurück, um sie dort einzuschließen.

Nachdem Sie dies eine Weile geübt haben, werden Sie sich einem größeren Zufluss kreativer Ideen öffnen. Notieren Sie sich die Ideen, an die Sie sich erinnern und die Sie umsetzen wollen. Lenken Sie dann Ihre Aufmerksamkeit zurück auf Ihr Herz. Stärken Sie den „Muskel", der Ihnen die Möglichkeit gibt, während des Heart Lock-In für längere Zeit in Ihr Herz zurückzukehren. Sie bauen sich so eine neue Grundlage auf, auf der Sie in Zukunft anders mit Ärgerauslösern umgehen werden. Je mehr Sie üben, desto stärker wird Ihre Kraft, Kohärenz und Umwandlung zu ermöglichen.

Kapitel 6

Neue Bezugspunkte setzen

Die bisher erlernten Werkzeuge und Techniken zur Ärgertransformation – das Einatmen innerer Haltungen, die Neutralisierungstechnik und das Heart Lock-In – unterstützen Sie dabei, Ihre Emotionen in eine positive Richtung zurückzuführen. Durch die Arbeit mit diesen Techniken schaffen Sie sich neue Bezugspunkte für Ihre innere Sicherheit, auf die Sie zurückgreifen können, wenn Stress oder Ärger sich breit machen. Sie ermöglichen es Ihnen, ungeordnete emotionale Zustände sehr schnell zu verändern – also bewusst von Zuständen, die Ihre Herzrhythmen inkohärent werden lassen, in kohärentere emotionale und mentale Zustände hinüberzuwechseln. Sie bekommen Zugang zu der Kraft der Ihnen innewohnenden intuitiven Intelligenz. Um jedoch den vollen Gewinn aus diesen Werkzeugen und Techniken ziehen zu können, müssen Sie regelmäßig üben. Durch den Aufbau neuer, positiver Referenzpunkte werden sich stufenweise Fortschritte einstellen. Seien Sie sich nicht böse oder entmutigt, wenn es zu einem Rückfall kommen sollte. Greifen Sie einfach zu diesen Werkzeugen, um sich wieder aufzufangen. Ihre Selbstsicherheit wird wachsen, aber dies ist kein gleichmäßiger Prozess – manchmal geht es drei Schritte vorwärts und einen zurück. Solange Sie mit den Werkzeugen weiter arbeiten, werden Sie Fortschritte machen und eine innere Zuversicht entwickeln.

Eine vierte Technik, das sogenannte Freeze-Frame, wurde entworfen, um Ihnen zu helfen, sich eine Auszeit zu nehmen und genau dann eine intuitive Perspektive gewinnen zu können, wenn Sie gestresst sind. Wenn beim Basketball ein Team den Eindruck hat, dass das Spiel ihm entgleitet, beansprucht es eine Auszeit. Warum? Damit es zurücktreten kann, um aus einer anderen Perspektive zu erkennen, was gerade abläuft, und seine Strategie so zu korrigieren, dass es das Spiel gewinnt. Eine Auszeit hilft dem Team, sich neu zu sammeln und seine Energien zu konzentrieren. Freeze-Frame will das Gleiche bei Ihnen bewirken. Mit dieser Technik können Sie arbeiten, wenn Sie die Inkohärenz des Augenblicks beenden, die Situation objektiv einschätzen und intuitive Lösungen finden wollen.

Man nennt diese Technik Freeze-Frame, weil sie Ihnen die Kraft gibt, die Rahmenhandlung Ihres Lebensfilmes einen Moment lang „einzufrieren". So wie Sie bei Ihrem Video- oder DVD-Recorder auf die Pausetaste drücken, können Sie auch den momentan ablaufenden Lebensfilm anhalten, eine Auszeit in Anspruch nehmen und eine klarere Perspektive gewinnen. Dann „cutten" Sie die Rahmenhandlung, nehmen den „Film" wieder auf und sorgen für ein anderes Ergebnis.

Die ersten beiden Schritte des Freeze-Frame ähneln den ersten Schritten der Neutralisierungstechnik, die Sie in Kapitel 3 gelernt haben. Der dritte Schritt hilft Ihnen, Ihre Kohärenz zu erhöhen und eine bessere Übereinstimmung zwischen Herz und Gehirn herzustellen. Die Schritte 4 und 5 wollen Sie darin schulen, sich in diesem Zustand Fragen zu stellen und die Antworten intuitiv zu erspüren.

✎ *Die Freeze-Frame-Technik*

1. Nehmen Sie sich eine Auszeit, um sich vorübergehend von Ihren Gedanken und Gefühlen zu lösen, vor allem von solchen, die Stress verursachen.

2. Lenken Sie Ihre Aufmerksamkeit auf den Bereich Ihres Herzens. Spüren Sie, wie Ihr Atem durch Ihr Herz einströmt und aus dem Solarplexus ausströmt. *Wiederholen Sie das einige Male, um sich in die Übung hinein zu entspannen.*

3. Seien Sie ernsthaft darum bemüht, ein positives Gefühl hervorzurufen. Erlauben Sie sich, aufrichtige Wertschätzung und Anteilnahme zu empfinden für einen Menschen, einen Ort oder irgendetwas anderes in Ihrem Leben.

4. Fragen Sie sich nun, welches Denken oder Handeln effizient und wirksam wäre, um den Stress aus der Situation zu nehmen und Ihr System wieder ins Gleichgewicht zu bringen. *Aufgrund der verbesserten Kohärenz, die Sie durch Schritt 2 und 3 erreicht haben, können Sie klarer und objektiver denken. Dadurch kann das Thema nun aus einer erweiterten, ausgeglicheneren Perspektive heraus betrachtet werden. Fragen Sie sich auch, was Sie tun können, um den Stress in Zukunft zu verringern.*

5. Bleiben Sie einen Moment in der Stille und spüren Sie nach, ob sich irgendetwas in Ihrer Wahrnehmung oder Ihren Gefühlen verändert hat. Bewahren Sie diese Veränderung so lange wie möglich. *Die Botschaften des Herzens sind oft sehr subtil. Ganz sanft wird auf effektive Lösungen hingewiesen, die das Beste für alle Beteiligten bedeuten.*

Sobald Sie mit der Freeze-Frame-Technik vertrauter geworden sind, brauchen Sie nur noch die drei Schritte der Freeze-Frame-Kurzfassung, um gut durch Ihren Tag zu kommen:

> Freeze-Frame-Kurzfassung
>
> - Verlagerung der Aufmerksamkeit
> - Aktivieren
> - Spüren

Jedes Mal, wenn Sie sich vom eingetretenen Pfad aus Stress und Belastung entfernen und sich auf einen intuitiveren Weg begeben, ersparen Sie sich viel Zeit und Energie. Zwar werden nicht alle Konflikte aus Ihrem Leben verschwinden, aber Freeze-Frame wird Ihnen dabei helfen, angemessener auf solche Situationen zu reagieren, und dadurch die Chancen auf ein zufriedenstellendes Ergebnis erhöhen.

Nachdem Sie die Freeze-Frame-Technik eingeübt haben, *bitten Sie Ihr Herz darum, Sie in Zukunft schneller an den Rat zu erinnern, den es Ihnen aus der Kraft seiner Intuition gegeben hat*, vor allem dann, wenn Sie diese Erinnerung am dringendsten brauchen. Wenn Sie ernsthaft befolgen, was Ihr Herz Ihnen rät, erhalten Sie häufig intuitiv genau in dem Augenblick eine Erinnerung oder ein Alarmsignal, in dem Sie es brauchen, um eine Sache auf gute Weise weiterzuführen.

Lauras Geschichte gibt uns ein Beispiel dafür, wie Freeze-Frame funktioniert:

Eines Abends machte ich mich auf den Weg, um meine Mutter zu besuchen. Zu diesem Zeitpunkt hatte ich bereits einige Monate die

Freeze-Frame-Technik geübt, um mit meinem Ärger zurechtzukommen. Als ich bei meiner Mutter ankam, verspürte ich in ihrem Haus eine Atmosphäre der Spannung. Meine Mutter sah aus, als ob sie geweint hätte. Ich fragte, was geschehen sei, und sie antwortete, dass sie mit meinem Stiefvater einen Streit gehabt hätte. Sie habe oben auf der Treppe gestanden, während sie sich angebrüllt hätten, und um seiner Meinung Nachdruck zu verleihen, habe er ihr einen Stoß auf den Brustkorb versetzt. Das hatte ausgereicht, dass sie die Treppenstufen hinuntergestürzt war.

Mein Blut kam sofort in Wallung. Wie konnte mein Stiefvater es wagen, Hand an meine Mutter zu legen! Ich hatte genug gehört. Mir war ganz klar, dass ich ihn zur Rede stellen musste. Ich bin recht zierlich, aber wenn ich wütend werde, fühle ich mich drei Meter groß und absolut fähig, es mit jedem Ungetüm aufzunehmen.

Mein Stiefvater war dabei, sein Auto zu beladen, um wegzufahren, und kam gerade in diesem Moment zur Eingangstür herein. Geladen wie ein wütender Stier lief ich auf ihn zu. Als ich auf gleicher Höhe mit ihm war, ging ich schnurstracks an ihm vorbei durch die Eingangstür hinaus und stand auf der Terrasse. Dort griff ich instinktiv zur Freeze-Frame-Technik.

In diesem Augenblick, an dem die Zeit außer Kraft gesetzt war, erinnerte ich mich daran, in mein Herz zu gehen und nicht aus dem Ärger heraus zu handeln, sondern die Situation von einem intelligenteren Ort aus zu betrachten. Ich konnte ganz klar sehen, dass es in dieser Situation niemandem nützen würde, wenn ich meinen Ärger noch auf alles, was passiert war, draufpacken würde – das würde weder meine Mutter trösten noch meinem Stiefvater helfen und für mich wäre es auch nicht gerade ein vernünftiger und reifer Umgang mit den Dingen. Nachdem ich die Freeze-Frame-Technik beendet hatte, ging ich sehr viel kontrollierter ins Haus zurück. Ich hörte mir die Geschichte auch aus der Perspektive meines Stiefvaters an. Dann forderte ich ihn ruhig und mit Nachdruck auf, seine Sachen zu packen und zu gehen. Danach konnte ich den Rest des Abends mit meiner Mutter verbringen und ihr dabei helfen, sich selbst über die ganze Situation klarer zu werden.

Für mich war dies ein Erlebnis, das mein Leben verändert hat. Bis zu diesem Moment hatte ich immer ein Problem mit meinem Ärger. Ohne diese Technik hätte ich meinen Stiefvater mit Sicherheit verbal und vielleicht sogar körperlich angegriffen, ohne überhaupt weiter darüber nachzudenken. Auch heute noch, Jahre später, benutze ich die Freeze-Frame-Technik und habe dadurch meine Ärgerreaktionen ziemlich gut im Griff. Tatsächlich kann ich mich gar nicht mehr erinnern, wann ich zum letzten Mal einen Wutanfall hatte. Ich fühle mich toll, weil ich mich in diesem Punkt so verändert habe.

Es ist sinnvoll, die Freeze-Frame-Technik zunächst einmal bei Themen einzusetzen, die nicht ganz so wichtig sind, um ein Grundgefühl dafür zu bekommen, das Sie gut brauchen können, wenn es später einmal darum geht, auch schwierigere Themen in Angriff zu nehmen. Das Zauberwort heißt Übung. Beginnen Sie damit, sich ein Freeze-Frame-Arbeitsblatt anzulegen, mit dem Sie arbeiten. Ein solches Arbeitsblatt übernimmt die gleiche Rolle wie Stützräder bei einem Fahrrad; es begleitet Sie so lange bei dem Versuch, nicht mehr kopfgesteuert, sondern aus einer intuitiven Perspektive heraus zu handeln, bis Sie diese Technik ohne das Arbeitsblatt beherrschen. Durch das Niederschreiben Ihrer Wahrnehmungen werden Sie den Unterschied zwischen einer Reaktion aus dem Kopf heraus und der Perspektive des Herzens deutlicher erkennen. Wenn Sie sich die Antworten Ihres Herzens notieren und immer wieder vor Augen halten, erhöht sich die Wahrscheinlichkeit, dass Sie sich auch so verhalten werden, wie es Ihnen Ihre Herzintuition nahe legt.

✎ *Arbeitsblatt zur Freeze-Frame-Technik*

1. Wählen Sie eine aktuelle Stresssituation aus, die Sie ärgert. Nehmen Sie nicht gleich den dicksten Brocken. Sie stehen gerade erst am Anfang und sollten deshalb erst einmal mit etwas Kleinerem beginnen, um Ihr Zutrauen in diese Technik aufzubauen. Schreiben Sie auf ein Blatt Papier oder in Ihr Tagebuch die Überschrift „Stresssituation" und beschreiben Sie die Situation mit wenigen Worten.

2. Notieren Sie nun die Überschrift „Kopfreaktion" und nehmen Sie sich ein wenig Zeit, um die Gedanken und Gefühle zu betrachten, die Sie zu dieser Situation haben. Wie reagieren Sie normalerweise? Vielleicht fühlen Sie sich frustriert, ausgebrannt oder hoffnungslos. Vielleicht denken Sie, der andere Mensch steht Ihnen im Weg oder trägt die Schuld. Seien Sie ehrlich. Dies ist eine sehr persönliche Übung. Notieren Sie sich Ihre Antworten.

3. Gehen Sie nun die einzelnen Schritte der Freeze-Frame Technik durch. Erwarten Sie beim ersten Mal keine dramatischen Einsichten. Vielleicht spüren Sie, dass sich Ihre Wahrnehmung ganz leicht verändert hat, oder Sie fühlen sich in dem bestätigt, was Ihr Herz ohnehin schon über diese Situation wusste.

4. Schreiben Sie nun auf Ihr Arbeitsblatt als neue Überschrift „Intuitive Perspektive". Notieren Sie jede neue Einsicht oder jede Wahrnehmungs- oder Gefühlsveränderung, die Sie bei Schritt 4 und 5 des Freeze-Frame erhalten haben. Zensieren und beurteilen Sie die Einsichten nicht, schreiben Sie sie einfach nur auf und schauen Sie sie sich an. Die Botschaften der Herzintelligenz werden häufig von einem Gefühl der Stimmigkeit oder des inneren Friedens begleitet und sind oft sehr einfach. Manchmal erscheinen sie uns sogar zu einfach.

5. Lesen Sie sich zunächst die Reaktion Ihres Kopfes noch einmal durch, danach diejenige aus der intuitiven Perspektive. Achten Sie darauf, ob Sie in Ihrer Reaktion irgendeinen Unterschied feststellen können bezüglich der Qualität, des Tones und des Gefühls. Finden Sie jeweils ein Wort, das die Reaktion des Kopfes und die intuitive Reaktion beschreibt, und notieren Sie diese beiden Wörter.

6. Nehmen Sie nun ein wenig Abstand und stellen Sie sich die Frage, welche Reaktion logischer zu sein scheint – die des Kopfes oder die des Herzens. Die meisten Menschen sind erstaunt darüber, zu erkennen, dass der Kopf emotionaler und unlogischer sein kann als das Herz.

7. Stellen Sie sich nun die Frage, ob Sie eine Veränderung im Stressniveau festgestellt haben. Selbst wenn sich die Situation nicht gelöst haben sollte, könnte das Ausmaß Ihrer seelischen Belastung gesunken sein und das an sich ist schon viel wert. Allein durch die Übung werden Ihre Emotionen und Ihr Nervensystem ausgeglichener.

8. Schreiben Sie nun die Überschrift „Positive Bezugspunkte" auf Ihr Papier. Notieren Sie unter dieser Rubrik alles, was Sie an positiven Veränderungen erkannt haben – sei es im Hinblick auf eine neue Neutralität, einen anderen Blickwinkel oder eine neue Einstellung. Notieren Sie sich die Einstellung, das Bild oder die Erinnerung, auf die Sie sich in Schritt 3 konzentriert haben, um ein positives Gefühl hervorzurufen. Hieraus kann für Sie ein neuer Bezugspunkt oder Zustand entstehen, auf den Sie zurückgreifen können, wenn Sie die Techniken der Neutralisierung, des Einatmens innerer Haltungen, des Heart Lock-In oder des Freeze-Frame üben. Indem Sie positive

Referenzpunkte sammeln, auf die Sie sich beziehen können, schaffen Sie sich eine Plattform nachhaltiger Kohärenz in Ihrem System. Würdigen und schätzen Sie Ihre neuen Bezugspunkte, um sie in Ihrem System zu verankern.

9. Erstellen Sie eine Liste mit weiteren Dingen in Ihrem Leben – Menschen, Tiere, Orte, Ereignisse, Einsichten –, die Sie wahrhaftig schätzen oder an denen Sie ehrlich Anteil nehmen. Jede positive Erfahrung kann als Bezugspunkt dienen, der zu größerer Kohärenz beiträgt.

Anwendungsmöglichkeiten der Freeze-Frame-Technik

Viele Psychologen, Ärzte und Coaches unterrichten ihre Klienten in der Freeze-Frame-Technik, um ihnen zu helfen, ihren Ärger umzuwandeln und bessere Entscheidungen zu treffen. Von den Psychologen wird uns am häufigsten die Frage gestellt, wie lange es dauert, bis sie bei ihren Klienten, die die Freeze-Frame-Technik zur Umwandlung ihres Ärgers einsetzen, Veränderungen sehen können. Nach Meinung der Psychologen sind wütende Menschen häufig sehr selbstgerecht und zeigen wenig Mitgefühl für das, was sie anderen mit ihrer Wut antun. Dr. Norman Rosenthal stellt dazu in *The Emotional Revolution* (2002) fest: „Diese Menschen denken immer, es sei das Problem der anderen – des unausstehlichen Chefs, der schwierigen Ehefrau, der inkompetenten Angestellten." Häufig kommen Klienten nur widerwillig zu einem Therapeuten, weil sie von einem Vorgesetzten, einem Arzt, ihrem Ehepartner oder einem Richter geschickt worden sind. Wenn man den Klienten die Freeze-Frame-Technik und das dazugehörige Arbeitsblatt anbietet, hilft man ihnen häufig, selbst zu erkennen, dass wahr ist, was die anderen über sie behaupten. Dr.

Jim Kowal, der als Berater in einem Zentrum für traumatischen Stress arbeitet, hatte mit mehreren Männern zu tun, die wegen ihrer Wut im Straßenverkehr von ihren Frauen zu ihm geschickt worden waren. Diese Männer waren beim Autofahren so aufgebracht, dass ihre Frauen befürchteten, irgendwann einmal würde etwas Schreckliches passieren. Dr. Kowal brachte diesen Männern die Freeze-Frame-Technik bei und allen Männern gelang es, ihre Wut im Straßenverkehr recht schnell zu überwinden.

Eines der Hauptmerkmale der Herzintelligenz-Interventionen ist es, dass sie so schnell eine Wirkung zeigen. Jasmina A. Agrillo, eine lizensierte Herzintelligenz-Trainerin, erklärt:

Immer dann, wenn ein Werkzeug der Herzintelligenz ernsthaft angewendet wird, verändert sich etwas unmittelbar. Ich begleite die Klienten dabei, diese Veränderung zu erkennen. Manchmal meldet sich der Verstand hinterher und zweifelt die Veränderung an. Gerade weil die Werkzeuge so einfach und leicht anzuwenden sind, schleichen sich leicht Selbstzweifel ein, weil der Verstand die Komplexität liebt und alles begreifen möchte. Es macht Spaß, Klienten bis zu dem Punkt zu begleiten, an dem sie ihre eigenen Veränderungen wahrnehmen und sich dadurch neue Bezugspunkte schaffen können. Wenn sie erst einmal die Veränderung erkennen, die in ihrem Herzen geschehen ist, fassen sie mehr Vertrauen und das wiederum regt sie zu neuen Veränderungen an. Dann wird es allmählich zur Gewohnheit, ins Herz zu gehen, um wieder zu einem ausgeglichenen Zustand zurückzufinden. Tägliche Übung scheint eine Veränderung auf lange Sicht zu unterstützen, die nötig ist, um die neuronalen Schaltkreise, die bei den Ärgerreaktionen involviert sind, positiv zu beeinflussen. Ich beobachte, dass eine Veränderung schneller und in größerem Ausmaß eintritt, wenn sie auch von meinem Klienten selbst erkannt wird, ohne dass ich ihn oder sie erst dorthin führen muss.

Jasmina erzählt anhand eines Beispiels, wie ihre Klienten lernen, die Herzwerkzeuge anzuwenden, um konstruktiv von einem Ort des Mitgefühls aus zu reagieren, anstatt in der üblichen Ärgerfalle mitsamt ihren Konsequenzen gefangen zu sein.

Sie beschreibt ihren Klienten Tim, der Freeze-Frame schon erfolgreich angewendet hatte, bevor sie ihm diese Technik überhaupt vollständig beigebracht hat. „Zu diesem Zeitpunkt hatte ich ihn die gesamte Technik offiziell noch gar nicht gelehrt. Dies hatte ich erst in unserer dritten gemeinsamen Sitzung vorgesehen, damit er die Möglichkeit hatte, sich schrittweise daran zu gewöhnen. Er erzählte mir in unserer zweiten gemeinsamen Stunde folgende Geschichte:

Tims Geschichte

Tim war zwölf Jahre lang der gesetzliche Vormund seines jüngeren Bruders. Sein Bruder leidet unter einer dauerhaften Hirnschädigung, die als Komplikation einer Anästhesie während eines chirurgischen Eingriffs aufgetreten war. Als Folge dieses Hirnschadens hat sein Bruder seine Impulse oft nicht unter Kontrolle. Er sagt und tut Dinge, die Tim erheblich verärgern.
Bei dem Vorfall, um den es hier geht, hatte sein Bruder Tim verbal in einer ziemlich unverschämten Art aufgefordert, das Haus zu verlassen, weil er einen Gast erwartete. Normalerweise hätte Tim seinem Bruder eine ebenso unverschämte Antwort gegeben, wäre aus seinem Haus gestürmt und hätte für eine ganze Weile lang überhaupt keinen Kontakt mehr mit ihm gehabt. Dieses Mal jedoch erinnerte er sich daran, „meinen Verstand nicht den gewohnten Weg laufen zu lassen, weil ich genau wusste, wohin das führen würde". Er lenkte seine Aufmerksamkeit und seinen Atem

in den Bereich des Herzens und war dadurch in der Lage, klar und konstruktiv zu antworten. Während er mit seinem Bruder sprach, behielt er diese Hinwendung zum Herzen sehr bewusst bei. Im Verlauf des Gesprächs empfand er Mitgefühl und konnte das Dilemma verstehen, in dem sie beide steckten. „Ich konnte einen Totalschaden verhindern“, sagte er zu Jasmina. „Zum ersten Mal in mehr als zwölf Jahren war ich in der Lage, eine Situation positiv zu kontrollieren, friedlich zu bleiben, meine Energie nicht zu vergeuden und mich hinterher nicht entschuldigen zu müssen.“

Nachdem Tim alle Schritte der Freeze-Frame-Technik gelernt hatte, konnte er im Nachhinein erkennen, dass sich in dieser Situation der Nutzen gezeigt hatte, den ein Umschalten auf eine Position der Neutralität mit sich bringt. Die ersten beiden Schritte des Freeze-Frame, die er von Jasmina gelernt hatte, hatten ihm gezeigt, wie er in den neutralen Zustand gelangen konnte. Tim erlebt auch weiterhin ein zunehmendes Gefühl von Frieden, Gelassenheit und Klarheit in seinem Leben. „Mein Hirn wurde von den Spinnweben befreit“, beschreibt er es gerne.

Simeon Nartoomid, ein Pfarrer und lizensierter Herzintelligenz-Trainer, setzt die Freeze-Frame-Technik auch ein, um Menschen dabei zu helfen, zu erkennen, was sich hinter ihrem Ärger verbirgt. „Wenn wir voller Ärger stecken, ist es enorm hilfreich, sich klar zu machen, dass der Ärger häufig durch eine zugrunde liegende Angst angetrieben wird“, sagt Simeon. „Meiner Erfahrung nach gibt es zwei grundlegende Reaktionen auf Angst: (1) man ist außer Gefecht gesetzt, „vor Angst gelähmt“ oder (2) man ist aggressiv, häufig angetrieben durch das Gefühl, berechtigte Wut zu empfinden.“ Simoen fand heraus, dass die Freeze-Frame-Technik Menschen dabei hilft, Ängste, die nicht so offensichtlich zu erkennen sind, intuitiv aufzudecken und damit an die Quelle des Ärgers zu gelangen. In Kombination mit der Heart Lock-In-Technik kann die Freeze-Frame-Technik aufgestauten Ärger effektiv auflösen. Simeon empfiehlt folgendes Vorgehen:

1. Gehen Sie die ersten drei Schritte der Freeze-Frame-Technik durch, um die Angst entweder zu entdecken oder daran zu arbeiten, dass sie abflaut. Wenn Sie die Technik dazu nutzen, die Angst überhaupt erst ausfindig zu machen, sollten Sie einen zweiten Durchgang machen, um die Angst abklingen zu lassen. Führen Sie ihn auch dann fort, wenn diese Entdeckungsreise nichts Konkretes zutage gebracht hat, indem Sie einfach davon ausgehen, dass eine solche Angst existiert. So nähern Sie sich dem Ärger auf indirekte Weise, so, als ob Sie den gewundenen Wegen eines Labyrinths in sein Zentrum folgen.

2. Gehen Sie im dritten Schritt des Freeze-Frame dazu über, Ihre Angst wertzuschätzen, indem Sie anerkennen, dass sie einen Schutzmechanismus darstellt und Ihnen helfen möchte.

3. Nachdem Sie in Schritt 3 des Freeze-Frame einen Zustand der Wertschätzung erreicht haben, können Sie nun zum dritten Schritt des Heart Lock-In hinüberwechseln. Konzentrieren Sie sich darauf, ein Gefühl der aufrichtigen Wertschätzung und Anteilnahme für jemanden oder etwas Positives in Ihrem Leben herzustellen. Versuchen Sie, dieses Gefühl der Wertschätzung und Anteilnahme wirklich zu spüren und schicken Sie diese Wertschätzung zu der Angst und gleichzeitig zu dem Menschen, der Sie geärgert hat.

Sie können diese Vorgehensweisen auch selbständig für sich alleine ausprobieren. Dazu empfehlen wir Ihnen, sich ein Freeze-Frame-Arbeitsblatt als Hilfsmittel hinzuzunehmen. Wenn Sie schwarz auf weiß nachlesen können, was Sie sich aufgeschrieben haben, ist es leichter, objektiv zu bleiben. Sie können das Freeze-Frame-Arbeitsblatt auch dann gut einsetzen, wenn es um kreative Problemlösungen oder Entscheidungsfindungen geht. Wenn Sie vor einer schwierigen Entscheidung stehen und sich nicht sicher sind, welcher Weg der richtige ist, benutzen Sie das Arbeitsblatt, um eine intuitive Perspektive zu gewinnen. Sollten Sie danach immer noch unsicher sein, gönnen Sie Ihrem Kopf eine Pause und wenden Sie die Neutralisierungstechnik an und anschließend das Einatmen innerer Haltungen oder die Heart Lock-In-Technik, um Ihrem Herzen eine Chance zu geben, seine Arbeit zu tun. Häufig sieht man nach kürzester Zeit viel klarer, wenn man im Herzen bleibt. Manche Themen brauchen ihre Zeit, aber Ihr Freeze-Frame-Arbeitsblatt kann Ihnen den nächsten Schritt aufzeigen oder eine Einstellung für die Zwischenzeit, bis Sie Klarheit gewonnen haben.

Freeze-Frame im Alltag

Nachdem Sie ein wenig geübt haben, werden Sie erkennen, dass die Freeze-Frame-Technik ein wirkungsvolles Instrument sein kann, mit dessen Hilfe Ärger oder andere stressige Emotionen in kürzester Zeit in effizientes und effektives Handeln umgewandelt werden können. Nach einiger Zeit reicht Ihnen die Kurzform des Freeze-Frame: Verlagerung der Aufmerksamkeit (zum Herzen), Aktivierung (einer positiven Emotion oder eines Bezugspunktes) und Spüren (intuitiv, was zu tun ist). Sie können die Freeze-Frame-Technik jederzeit und überall einsetzen und damit auf ein Wissen zurückgreifen, das Ihnen angeboren ist, sei es inmitten einer Diskussion oder einer Teambesprechung oder während Sie in einem Verkehrsstau stehen. Manche Menschen benutzen die Freeze-Frame-Technik ein Dutzend Mal oder häufiger am Tag, um Abstand von einem Problem zu gewinnen, mit sich selbst in

Einklang zu kommen und ihren Blickwinkel zu erweitern. Jim, leitender Angestellter eines führenden Unternehmens, sagt: „An manchen Tagen setze ich Freeze-Frame hundert Mal ein, um nicht verrückt zu werden. Ich wüsste nicht mehr, wie ich ohne die Technik auskommen sollte."

Selbst Kindern fällt es leicht, mit Hilfe der Freeze-Frame-Technik ihren Ärger in konstruktives Handeln umzuwandeln. Im Folgenden beschreiben einige der Kinder, mit denen wir gearbeitet haben, ihre Erfahrungen:

„Man hat dann einen Grund, die Freeze-Frame-Technik einzusetzen, wenn man von einer negativen Emotion in eine positive Emotion hinüberwechseln möchte, um zu sehen, wie das Herz die Situation versteht. Ich habe Freeze-Frame zum ersten Mal in einem Eishockeyspiel bei einer Diskussion mit dem Schiedsrichter angewendet. Ich habe mich selbst gestoppt und mich gefragt, ob der Anlass es wert war, eine Strafe zu bekommen. Der Nutzen der Freeze-Frame-Technik liegt für mich darin, dass ich meinen Ärger leichter unter Kontrolle bekomme und mir eine Pause gönnen kann von all dem Stress, den ich den Tag über habe."
A., Schüler der zehnten Jahrgangsstufe

„Ich habe damit meinen Ärger in den Griff bekommen. Ich war schon wütend geworden auf meine Freunde und Freeze-Frame hat mich davon abgehalten, ihnen ins Gesicht zu springen."
R., Schüler der siebten Jahrgangsstufe

„Das Herzintelligenz-Training hat mir wirklich viel gebracht. Ich hatte Streit mit einem meiner Freunde, aber dann habe ich die Freeze-Frame-Technik eingesetzt. Ich habe herausgefunden, wo das Problem lag, und dann haben mein Freund und ich gemeinsam das

Problem in Angriff genommen, anstatt uns gegenseitig anzugreifen, und jetzt sind wir die besten Freunde.“
A., Schüler der siebten Jahrgangsstufe

„Wenn man sich eine Minute Zeit nimmt für ein Freeze-Frame, scheint aller Ärger und Stress zu verschwinden. Anstatt auf seinen Kopf zu hören, der einem vielleicht sagt, man sollte zurückschlagen, hört man auf sein Herz und sagt ganz einfach : ‚Es tut mir Leid!‘“
G., Schüler der siebten Jahrgangsstufe

Wie man einen Geist beruhigt, der nicht stillstehen will

Wenn der Zeitdruck zu groß wird, neigt unser Verstand entweder dazu, Dinge vor sich herzuschieben, um Druck zu vermeiden, oder er will alles Wichtige gleichzeitig bedenken und planen, um dem Druck zuvorzukommen. Ein derart in Aufruhr geratener Geist lässt sich nur schwer beruhigen, aber die Freeze-Frame-Technik kann dabei helfen. Amandas Geschichte ist ein typisches Beispiel dafür. Sie berichtet:

Sobald ich morgens aufwache, stürzt mein Verstand sich ins Rennen. Meine Gedanken drehen sich immer im Kreis und wenn ich eine friedliche Mahlzeit oder ein Gespräch oder am Ende des Tages einen guten Nachtschlaf haben möchte, fällt es mir schwer, meinen Kopf zu beruhigen. Das wirkt sich am nächsten Tag möglicherweise so störend auf meine Konzentrationsfähigkeit aus, dass ich denke, ich hätte eine Aufmerksamkeitsstörung. Außerdem bin ich dann besonders reizbar.

Hinter dem Rasen der Gedanken stecken Gefühle, die den Gedankenstrom in Gang halten. Denken Sie daran, dass Gefühle schneller reagieren als Gedanken und die Kontrolle übernehmen können, ohne das Ihnen dies überhaupt bewusst ist. Um intuitiv wahrnehmen zu können, welche Emotionen vorhanden sind, muss Ihr Verstand verlangsamt werden. Das gilt vor allem dann, wenn Sie leicht in Rage geraten. Wie Ron Potter-Efron in seinem Buch „Angry all the time" (1994) beschreibt: „Ärger ist eine Gewohnheit, die sich nur schwer brechen lässt. Das Allerwichtigste, was Sie dafür tun müssen, ist, den ganzen Prozess zu verlangsamen."

„Kurz nachdem ich damit angefangen hatte, die Freeze-Frame-Technik zu benutzen", erklärt Amanda, „war ich in der Lage, meinen Verstand so weit zu beruhigen, dass mir mein Herz zeigen konnte, was hinter diesem Überdruck stand, in dem ich lebte. Ich konnte sehen, wie mich die Angst, nicht gemocht zu werden, wenn ich nicht alles erledigt bekomme, ständig auf Trab hielt und mich höchst anfällig machte für wütende Reaktionen. Jeder, der versucht, mich zu bremsen, regt mich auf, weil er mir in die Quere kommt. Nachdem ich einmal erkannt hatte, dass diese Angst, nicht gemocht zu werden, andere Menschen regelrecht abstößt und erst recht dazu führt, mich nicht zu mögen, entschloss ich mich, die Freeze-Frame-Technik zu benutzen, um meine Gedanken zu verlangsamen und mehr Kontakt zu anderen Menschen aufzunehmen. Reizbarkeit und Ärger sind abgeflaut und das Leben ist viel angenehmer geworden. Außerdem bekomme ich viel mehr von dem geschafft, was wichtig ist, und lasse den überflüssigen Kleinkram sein."

Sie können Situationen oder Themen mit der Freeze-Frame-Technik entschleunigen, während Sie mittendrin sind. Entschleunigen bedeutet, die Geschwindigkeit zu verlangsamen, mit der Ihr Verstand und Ihre Emotionen arbeiten, und beide in Ihr Herz hineinzunehmen, um Kohärenz herzustellen. Slow-Frame bzw. Entschleunigung ver-

langsamt den rasenden Fluss der Gedanken, während Sie die mentalen Energien zum Herzen dirigieren und die Aufmerksamkeit auf einen Bezugspunkt im Herzen lenken. Dadurch kann sich der Kopf mit dem Herzen verbinden, bevor Sie auf die eingehenden Informationen oder Wahrnehmungen reagieren. Sie werten Information immer emotional aus. Sind Sie mit Ihrem Herzen nicht im Einklang, interpretiert Ihr Gehirn eintreffende Informationen möglicherweise als Stress und reagiert darauf mit Frustration oder Enttäuschung, bevor Sie überhaupt eine Gelegenheit hatten, die Situation aus einem intelligenteren Blickwinkel heraus zu betrachten. Wenn Sie diesen Prozess verlangsamen und einen Bezugspunkt zum Herzen herstellen, können Sie eine kohärentere Antwort finden. Die Verlangsamung des Prozesses im Herzen vergrößert Ihren Handlungsspielraum. Ihre Herzintelligenz bekommt dadurch eine Chance, ins Spiel zu kommen und Sie an etwas zu erinnern, was sie vielleicht zuvor bereits erkannt und sich vorgenommen hatten.

Sie können Ihren ruhelosen Verstand jederzeit regulieren, indem Sie Ihre mentalen und emotionalen Energien in Ihr Herz hineinnehmen mit der Absicht, Ihre Reaktion zu verlangsamen, so wie Sie beim Abspielen eines Videos die Geschwindigkeit verlangsamen können, um es Bild für Bild zu betrachten. Üben Sie die Freeze-Frame-Technik und lenken Sie Ihre Energien dann langsam in Ihr Herz. Atmen Sie durch das Herz ein und durch den Solarplexus aus, um die Energie zu erden. Verlangsamen Sie Ihre Energie auch weiterhin während des gesamten Tages und lenken Sie sie in Ihr Herz. Daraus erwächst Ihre Kraft. Zusätzlich können Sie während dieser Umstellung das Einatmen innerer Haltungen hinzunehmen und eine Haltung des Mitgefühls für Ihren Verstand, Ihre Emotionen und Ihren Körper einatmen. Auf diese Weise wandeln Sie inkohärente emotionale Energie um und entwickeln eine neue Gewohnheit, sich mit größerer emotionaler Kohärenz und Harmonie durch den Tag zu bewegen. Sie werden sich garantiert besser fühlen und effektiver handeln.

Gehen Sie einfach mehrmals täglich die Schritte der Freeze-Frame-Technik durch, auch dann, wenn Sie gerade keinen Stress empfinden, um Ihre Kraft zu entwickeln, ins Herz zu gehen und auf die Intuition umzuschalten. Üben Sie sich darin, mehrmals täglich Wertschätzung und Anteilnahme auszusenden, ganz gleich, ob Sie verärgert sind oder nicht. Während Sie die verschiedenen Herzwerkzeuge benutzen lernen und neue Bezugspunkte herstellen, werden Sie herausfinden, welche Technik in welcher Situation angebracht ist und wie einzelne Techniken kreativ kombiniert werden können, um bestmögliche Ergebnisse zu erzielen. Sie werden in der Lage sein, eine neue Zentriertheit und Gelassenheit aufrechtzuerhalten, mit der Sie leichter und effektiver durchs Leben steuern können.

Kapitel 7

Eine nachhaltige Umwandlung: So bewahren Sie Ihre emotionale Energie

Nachdem Sie inzwischen gelernt haben, Ihre Ärgerauslöser zu erkennen und Ihre Reaktionen zu verändern, werden Sie diese Veränderungen beibehalten und weiter auf ihnen aufbauen wollen. Ein Übungsprogramm ist der Schlüssel dazu. Üben Sie die Neutralisierungstechnik, das Einatmen innerer Haltungen und die Freeze-Frame-Technik mehrmals während Ihres normalen Tagesablaufs, ganz gleich, ob Sie durch irgendetwas Konkretes verärgert sind oder nicht. Üben Sie diese Techniken einfach, um sie in Ihr Gedächtnis und Ihre neuronalen Schaltkreise einzuprogrammieren. Sehen Sie dies als präventive Maßnahme, mit deren Hilfe Sie Ihre emotionale Energie bewahren und stärken. Sie werden feststellen, wie sich Ihr Energiehaushalt und Ihre Einstellungen signifikant verbessern. Üben Sie die Heart Lock-In-Technik mehrmals wöchentlich, um zu lernen, tiefer in Ihr Herz zu gehen und Ihre Fähigkeit aufrechtzuerhalten, vom Herzen aus zu reagieren.

Zwei zusätzliche Fähigkeiten helfen Ihnen, diese Werkzeuge noch gezielter einzusetzen und einen kohärenteren Lebensstil zu finden. Zum ersten: Achten Sie bewusster darauf, wie Sie im Lauf des Tages mit Ihrer emotionalen Energie umgehen, um zu verhindern, dass Sie emotional ausgelaugt werden. Zum zweiten: Erkennen Sie, wann Sie eine Situation zu persönlich nehmen, indem Sie sich als „gut“ oder „schlecht“ bewerten. Betrachten wir beides im Einzelnen.

Worauf verwenden Sie Ihre emotionale Energie?

Wenn Sie sich täglich bewusst machen, wofür Sie Ihre emotionale Energie aufwenden, können Sie eher erkennen, an welchen Stellen Sie Ihre Energie verlieren. Das geschieht zum Beispiel bei jeder negativen Emotion, wie etwa bei einer Verärgerung oder Frustration. Das geschieht auch jedes Mal, wenn Sie etwas als Verlust erleben und entsprechend darauf reagieren – bei Enttäuschungen, dem Gefühl, irgendetwas sei unfair, bei Selbstbeschuldigungen, Verlustängsten oder Sorgen. Eine emotionale Belastung liegt auch dann vor, wenn Sie aufgrund einer positiven Emotion aus dem Gleichgewicht geraten sind – bei Übererregtheit, Reizüberflutung, gedanklicher Überarbeitung und Ähnlichem. All das kann zu einer Inkohärenz führen. Ihr Ziel sollte es sein, alle Gefühle erleben zu können, aber jeweils so rasch ins Gleichgewicht zurückzufinden, dass Sie von ihnen nicht ausgelaugt werden und keine Defizite entstehen. Sie können auf diese Weise eine größere emotionale Erfülltheit empfinden und häufiger zu intuitiven Einsichten gelangen. Wenn Sie zulassen, dass die emotionale Energie entweicht, können Sie bereits erlangte intuitive Einsichten wieder verlieren. Sie sind einfach verschwunden – und vielleicht vergessen Sie sogar, dass sie Ihnen jemals zur Verfügung standen. Einsichten und positive emotionale Erfahrungen sind Ihre emotionalen Vermögenswerte. Sie lassen sich nur durch Kohärenz aufrechterhalten.

Man kann sich täglich oder wöchentlich einen objektiven Überblick über die eigenen emotionalen Vermögenswerte und Defizite verschaffen. So wie ein Geschäftsinhaber eine Bilanz über Soll und Haben führt, können Sie eine Bilanz über ihr emotionales Einkommen und Ihre emotionalen Ausgaben erstellen. *Führen Sie die Übung „Bilanzblatt" durch, um Erkenntnisse darüber zu ge-*

winnen, wie Sie Ihr inneres Unternehmen führen – wie Sie mit Ihren Emotionen, Ihrem Verstand und Ihrem Herzen umgehen. Wenn Sie einmal einen klareren Überblick über Ihre emotionalen Vermögenswerte und Defizite gewonnen haben, können Sie durch den Einsatz der Herzwerkzeuge und -techniken verhindern, dass die Defizite erneut auftreten, und falls dies doch geschieht, diese schneller wieder ausgleichen. Sie können diese Werkzeuge auch dazu benutzen, Ihre persönlichen Vermögenswerte wertzuschätzen, sowohl in Form von Dankbarkeit für das Vorhandene als auch in dem Wunsch, die Ressourcen zu vermehren.

✎ *Bilanzblatt über Vermögenswerte und Defizite*

1. Nehmen Sie ein Blatt Papier oder eine Seite in Ihrem Tagebuch und unterteilen Sie diese(s) in eine obere und eine untere Hälfte. Geben Sie der oberen Hälfte die Überschrift „Vermögenswerte", der unteren Hälfte die Überschrift „Defizite".

2. Listen Sie unter *Vermögenswerte* die positiven Ereignisse, Gespräche und Interaktionen der vergangenen Tage auf – Dinge, die Sie glücklich gemacht und Ihnen Energie gegeben haben. Schreiben Sie alle Vermögenswerte auf, die Ihnen einfallen, und spüren Sie während des Schreibens die Freude und Anerkennung, die Sie für jeden einzelnen Wert empfinden. Erinnern Sie sich daran, wie bewusst Sie jeden einzelnen Vermögenswert in dem Moment, in dem er aufgetreten ist, wahrgenommen haben, und notieren Sie, wie Sie sich dabei gefühlt haben. Notieren Sie ebenso alle gegenwärtigen Vermögenswerte Ihres Lebens – Ihre Freunde, Ihre Familie, Ressourcen in Ihrer Lebens- und Arbeitswelt und ähnliche Dinge.

3. Erstellen Sie unter der Überschrift *„Defizite"* eine Liste mit den Themen, Konflikten und Ereignissen, die im gleichen Zeitraum negativ waren und Energie gekostet haben. Notieren Sie, wie Sie sich dabei gefühlt haben. Schreiben Sie auch solche Ereignisse auf, die als Vermögenswert begannen, sich später jedoch zu Energiefressern entwickelt haben, wie zum Beispiel ein Gespräch mit Ihrer Tochter, das erfreulich begann, sich aber zu einer harten Auseinandersetzung entwickelte, oder eine Party, die so lange Spaß gemacht hat, bis Sie überdreht waren und sich verdrießlich und erschöpft gefühlt haben.

4. Überlegen Sie sich beim Erstellen Ihrer Listen, wie sich jedes Ereignis auf die Familie, die Arbeit und Ihre persönliche Ausgeglichenheit ausgewirkt hat und zu welchen Konsequenzen es auf lange Sicht gesehen führen wird. Treten Sie nun, nachdem Sie sowohl die Vermögenswerte als auch die Defizite aufgeführt haben, einen Schritt zurück und vergleichen Sie beide Listen aus Ihrem Herzen heraus. Stellen Sie fest, welche Defizite *im Augenblick des Geschehens* hätten ausgeglichen oder in Vermögenswerte umgewandelt werden können, wenn Sie lange genug innegehalten hätten, um eine erweiterte Perspektive zu gewinnen. Überprüfen Sie, welche Defizite auch jetzt noch in Vermögenswerte umgewandelt werden könnten. Untersuchen Sie das Verhältnis von Vermögenswerten und Defiziten und halten Sie Ausschau nach sich wiederholenden Mustern. Notieren Sie sich all Ihre Erkenntnisse und Schlussfolgerungen.

So verbessern Sie Ihre Ausgangslage

Schätzen Sie Ihre Vermögenswerte. Vielleicht betrachten Sie sie als etwas Selbstverständliches. Ihre Vermögenswerte gewinnen an Wert, wenn Sie bewusster wahrgenommen werden. Mit Hilfe des Einatmens innerer Haltungen und der Heart Lock-In-Technik können Sie Ihre Vermögenswerte noch mehr schätzen lernen. Überlegen Sie sich, durch welches Verhalten Sie Ihre gesteigerte Wertschätzung ausdrücken und empfinden können.

Fangen Sie damit an, die Herzwerkzeuge dort einzusetzen, wo Sie Defizite empfinden, und achten Sie auf das, was dadurch geschieht. Entscheiden Sie, welches Werkzeug Ihrer Meinung nach in der jeweiligen Situation am ehesten angebracht ist – die Neutralisierungstechnik, das Einatmen innerer Haltungen, die Freeze-Frame-Technik oder die Heart Lock-In-Technik – und schreiben Sie dieses Werkzeug neben das jeweilige Defizit. Probieren Sie das entsprechende Werkzeuge aus und schauen Sie, ob Sie mit seiner Hilfe wertvolle Einsichten gewinnen können. Sollten auf Ihrem Bilanzblatt ähnliche Defizite wiederholt auftauchen und Sie unsicher sein, welches Werkzeug dafür geeignet ist, nehmen Sie sich ein Freeze-Frame-Arbeitsblatt vor, um zu einem intuitiven Verständnis darüber zu gelangen, wie Sie den Energieverlust beenden können. Häufig ist eine intuitive Antwort für eine Situation bereits auch die Antwort für weitere ähnliche Situationen.

Als Beispiel sei Melissas Bilanzblatt vorgestellt:

Vermögenswerte:
– Meine Tochter macht mir überraschend ein Kompliment – fühlte mich großartig
– Die Schwiegermutter in ein besseres Altenheim verlegt – große Erleichterung
– War verärgert darüber, dass mein Mann schon wieder spät nach Hause kam – setzte Neutralisierungstechnik und das Einatmen innerer Haltungen ein – das half gut – konnte Auseinandersetzung vermeiden

Defizite:
– War sauer auf meinen Chef – ärgerte mich stundenlang und war unproduktiv
– War gereizt und schnauzte meine Tochter an – sie verschwand und blieb länger weg als erlaubt – fühlte mich schrecklich
– Blieb im Verkehr stecken – wurde wütend – streifte einen BMW von hinten – kostet mich einiges – hab' mir darüber stundenlang Sorgen gemacht
– Hatte zuviel getrunken – fühlte mich fürchterlich – bekam Kopfweh

Beachten Sie, dass Melissa den Ärger über ihren Mann und die Anwendung beider Herzwerkzeuge zur Vermeidung einer Auseinandersetzung den Vermögenswerten zugerechnet hat. Sie konnte eine Situation, die zu einem großen Defizit hätte führen können, umwandeln und auf diese Weise viel Energie sparen.

Wenn Sie ein solches Bilanzblatt über Ihre Vermögenswerte und Defizite einige Male pro Woche erstellen, können Sie viel Klarheit darüber gewinnen, in welchen Situationen Sie vom Einsatz der Herzwerkzeuge profitieren könnten. Außerdem gewinnen Sie auf diese Weise Ihrem Ärger gegenüber eine gesunde Objektivität. Wenn Sie ein solches Bilanzblatt auch weiterhin benutzen und die Herzwerkzeuge einsetzen, um Vermögenswerte aufzubauen und Defizite umzuwandeln, werden Sie Ihre emotionalen Reaktionen in Zukunft nicht mehr als „gut" oder „schlecht" bewerten. Sie werden stattdessen anfangen, sie objektiver als „effektiv" oder „ineffektiv" zu betrachten. Sie werden klarer erkennen, welche langfristigen Konsequenzen der Energieverlust durch ineffektive Reaktionen nach sich zieht: Schäden an Ihrer emotionalen, mentalen und physischen Gesundheit sowie eine Beeinträchtigung Ihrer Beziehungen und Ihrer Arbeitsproduktivität. Gleichzeitig werden

Sie erkennen, wie Sie Ihre emotionale Energie durch die Anwendung der Herzwerkzeuge schnell wieder zurückgewinnen und Ihre Energiereserven auffüllen können.

Die Neigung, alles zu persönlich zu nehmen

Eine zweite zentrale Fähigkeit zur Aufrechterhaltung Ihrer emotionalen Kohärenz besteht darin, zu lernen, Ihre Defizite nicht zu persönlich zu nehmen, weil der Energieverlust dadurch nur noch schlimmer wird.

Alles persönlich zu nehmen bedeutet, sich selbst als „gut" oder „schlecht" zu bewerten, je nachdem, wie Sie selbst oder ein anderer Mensch in einer bestimmten Situation reagiert haben. Alles zu persönlich zu nehmen ist menschlich, aber es ist einer der größten Energiefresser. Es kann Sie stunden- oder tagelang in kopfgesteuerten Reaktionen und ausufernden Emotionen gefangen halten. Unterschwellige Gedanken und Gefühle darüber, „wie es gelaufen ist" oder „was ich eigentlich hätte sagen sollen", können im Gange sein, während Sie arbeiten, mit Ihren Kindern spielen oder versuchen, Ihren normalen Alltagsbeschäftigungen nachzugehen.

Alles persönlich zu nehmen kann Ihrem Herzen wehtun. Viele Menschen spüren einen körperlichen Schmerz im Bereich des Herzens, der durch unterdrückte Verletzungen, Ängste oder Ärger verursacht wird, die alle darauf zurückzuführen sind, dass etwas zu persönlich genommen wurde. Wenn Sie Ihre persönliche Rolle oder Ihre Verantwortung in einer Situation übertrieben groß sehen, verstellen Sie sich den Blick auf das größere Ganze und verlieren jegliche Hoffnung. Das Leben erscheint Ihnen unfair und

Sie fühlen sich als Opfer und das wiederum könnte Sie in eine Depression führen.

Es geschieht so leicht, alles persönlich zu nehmen, weil es in der Natur des Menschen liegt. Fast jeder Mensch neigt dazu. Es ist so häufig anzutreffen, dass man von einer emotionalen Telepathie des Persönlich-Nehmens sprechen könnte. Sie können spüren, wie aufgeladen die Luft ist. Möglicherweise nehmen Sie eine Situation, die nicht gut gelaufen ist, zu persönlich und die andere Seite, die daran beteiligt war, tut genau das Gleiche und dadurch gehen ungeahnte Mengen an Energie verloren, ohne dass irgendetwas gelöst wird. Alles persönlich zu nehmen führt dazu, dass Menschen um sich selbst kreisen und nur darauf konzentriert sind, das Beste für sich herauszuholen, häufig auf Kosten anderer.

Ein Hauptaspekt der Herzintelligenz besteht darin, Ihnen dabei zu helfen, Themen weniger persönlich zu nehmen, um sie loslassen und sich wieder anderen Dingen zuwenden zu können. Dadurch wird Energie freigesetzt, mit deren Hilfe Sie eine intelligentere Reaktion erkennen oder es beim nächsten Mal besser machen können. Dr. Joseph McCaffrey, ein Chirurg, erzählte uns, wie er die Freeze-Frame-Technik in einer Situation eingesetzt hatte, die nicht nur ein ungutes Licht auf ihn hätte werfen können, sondern in der es sogar um Leben oder Tod eines Patienten ging.

Als ein Anästhesist mir sagte, dass er seinen Risikopatienten nicht anästhetisieren würde, weil der Patient nicht sorgfältig genug untersucht worden wäre, verlor ich fast die Beherrschung. Innerhalb einer Woche war dies bereits der zweite Vorfall dieser Art mit ihm. Ich war nahe an einer Explosion. Mein Finger war schon fast auf der Brust des Anästhesisten, als ich mich entschloss, die Freeze-Frame-Technik anzuwenden. Ich legte meinen Ärger auf Eis, fing an, durch meine Herzgegend zu atmen und suchte nach einer guten Erinnerung, die stark genug war, um Gefühle der Wertschätzung hervorzurufen. Als sich mein innerer Aufruhr legte, wurde mir bewusst, dass der Anästhesist genauso viel Interesse daran hatte, fürsorglich mit diesem Patienten umzugehen wie ich. Mit dieser Gemeinsamkeit im Hinterkopf gelang es mir, dem Anästhesisten meinen Standpunkt zu erklären – ohne zu explodieren. Ich wäre sonst genau der typische unausstehliche Chirurg gewesen, zu dem keine besonders kollegiale Beziehung möglich gewesen wäre.

Joseph sagte uns, dass er sich später schrecklich gefühlt hätte und sich Selbstvorwürfe gemachte hätte, wenn er explodiert wäre. Können Sie sich an eine Situation erinnern, in der Sie wütend wurden, sich Selbstvorwürfe gemacht haben und danach dem anderen immer wieder gesagt haben „Es tut mir Leid"? Schließlich war es ja Ihre Schuld. Wenn Sie alles zu persönlich nehmen, fühlen Sie sich schlecht und glauben, die anderen könnten Sie vielleicht wenigstens dann noch mögen, wenn Sie sich selbst verurteilen und schämen. Verurteilung und Scham sind das Endergebnis, wenn man alles zu persönlich nimmt. Dadurch verbleiben Sie in der Opferrolle. Da sich das jedoch nicht gut anfühlt, suchen Sie bald darauf nach etwas oder jemanden, dem Sie eine Schuld in die Schuhe schieben können. Vielleicht werfen Sie Ihren Eltern vor, Sie falsch behandelt zu haben, als Sie fünf Jahre alt waren, aber das ändert auch nichts an Ihrer momentanen Situation.

Wenden Sie lieber eine der Techniken an, die Sie gelernt haben, anstatt sich selbst weiter zum Opfer zu machen. Wenn Sie sich auf die Intelligenz Ihres Herzens einschwingen, wird es Ihnen sagen: „Was geschehen ist, ist geschehen. Vergib und lass los. Du, deine Eltern und alle anderen Menschen haben das Beste getan, was ihnen möglich war, wenn man ihre emotionale Konstitution und ihre Geschichte berücksichtigt." Die Herzwerkzeuge verleihen Ihnen die Kraft zur Vergebung. Dadurch sind Sie jetzt in der Lage, etwas zu tun, was Ihnen vorher nicht möglich gewesen wäre.

Wenn Sie die Herzwerkzeuge anwenden, um das Persönliche aus bestimmten Situationen herauszunehmen, wird Ihnen Ihre Herzintelligenz eine Menge neuer Einsichten verschaffen, wie Sie mit Vorwürfen und Scham umgehen können. Sie werden außerdem eine neue Art der Freude daran finden, Ihrem Herzen als Ihrer Kommando- und Kontrollzentrale zu folgen. Die Freude liegt darin, zu sehen, dass Sie die Kraft haben, nicht alles persönlich zu nehmen.

Connie erzählt, wie sie in einem Moment, in dem sie etwas zu persönlich genommen hatte, mit dem Einatmen innerer Haltungen gearbeitet hat. Sie hatte sich gemeinsam mit einigen Freundinnen eine Talkshow im Fernsehen angeschaut und dort eine Frau gesehen, die ein Kontrollfreak zu sein schien. Connie identifizierte sich mit dieser Frau, weil sie wusste, dass sie selbst sehr stark dazu neigte, alles zu kontrollieren und davon auszugehen, dass irgendetwas Schlimmes passieren würde, wenn sie die Kontrolle aufgeben würde. „Ich habe gemerkt, dass ich diese Frau verteidigen wollte, während alle anderen, die zuschauten, sie kritisierten", sagte Connie. „Ich fing an, die Situation zu persönlich zu nehmen, weil ich mich selbst in dieser Frau wiedererkannte und mich schlecht fühlte." Connie fing an zu spüren, dass beim Anblick dieses Kontrollfreaks jeder im Raum an sie dachte, und sie wäre am liebsten unsichtbar gewesen. Sie dachte immer wieder: „Ich bin genau wie sie und will den anderen immer sagen, was sie zu tun haben, um sicher zu gehen, dass alles auch richtig gemacht wird. Oder ich möchte, wenn etwas schief gelaufen ist, gleich hinterherlaufen und es wieder in Ordnung bringen. Ich bin so lange verkrampft und unbeherrscht, bis ich alles wieder in Ordnung bringen kann."

Aber dann merkte Connie plötzlich, dass sie sich selbst innerlich beschämte. Sie hatte das Einatmen innerer Haltungen gelernt und beschloss, diese Technik während der restlichen Sendezeit anzuwenden. Sie lenkte mit ihrem Atem Liebe und Mitgefühl für die Frau in der Sendung und sich selbst durch ihr Herz. „Ich war überrascht, wie sich das Gefühl des Schlecht-Seins verflüchtigte und ich erkennen konnte, dass ich alles viel zu persönlich genommen hatte. Niemand schaute angesichts der Frau im Fernsehen auf mich. Ich fühlte mich befreit." Hätte Connie nicht das Einatmen innerer Haltungen benutzt, hätte ihre Tendenz, alles persönlich zu nehmen, ihr den ganzen Nachmittag verdorben.

Überprüfen Sie die Defizite, die Sie auf Ihrem Bilanzierungsblatt aufgeführt haben. Wie viel Zeit haben sie in Anspruch genommen? Überlegen Sie, ob einige Defizite entstehen konnten, weil Sie etwas zu persönlich genommen haben und eine Stresssituation dadurch noch verstärkt wurde. Die Neigung, alles persönlich zu nehmen, kann zu verzerrten und übertriebenen Wahrnehmungen führen, beispielsweise zu

Katastrophendenken: Das Übertreiben von verletzenden Ereignissen, die Ihnen widerfahren sind. Ihr Mann übt zum Beispiel leise Kritik an Ihnen und Sie sind sofort davon überzeugt, dass er sich mit einer anderen trifft.

Verabsolutierung: Alles-oder-nichts-Denken. Wenn Sie zum Beispiel als Vater oder Mutter nicht perfekt sind – wenn Ihnen

Dinge unterlaufen, die in Ihren Augen falsch waren –, denken Sie, Sie seien schreckliche Eltern und hacken in Gedanken stundenlang auf sich herum.

Einsatz eines mentalen Filters: Konzentration auf das Schlechte und Ausblenden des Guten. Ihr Chef lobt Ihren Bericht, den Sie geschrieben haben, hat aber am Format etwas auszusetzen. Alles, was in Ihrer Erinnerung hängen bleibt, ist die Kritik und Sie sind stundenlang verärgert. Diese Energie des Ärgers wird in Ihrem System angesammelt und sorgt dafür, dass auch zukünftige Situationen durch eine ähnliche Linse verzerrt werden.

Betrachten Sie Ihre Defizite noch einmal und überprüfen Sie, ob irgendetwas davon mit dem Thema Fairness oder Unfairness zu tun hat. Schmerzt oder verletzt es Sie in Ihrem Herzen, wenn Sie diese Situationen anschauen? Sollte dies der Fall sein, gehen Sie in Ihr Herz und atmen Sie Liebe und Mitgefühl für sich und andere ein. Benutzen Sie die Herzwerkzeuge, um Zugang zu Ihrer tiefer liegenden Intelligenz und Ihrem gesunden Menschenverstand zu bekommen. Wenn Sie zu den Menschen gehören, die alles zu persönlich nehmen, blähen Sie das Ganze nicht auf. Greifen Sie zur Neutralisierungstechnik, um den Energieverlust zu unterbinden, danach zum Einatmen innerer Haltungen oder der Heart Lock-In-Technik, um die neue Einstellung zu festigen, und schließlich zur Freeze-Frame-Technik, um intuitiv zu spüren, welcher Schritt als Nächstes ansteht.

Um Schmerz, Verletzung, Scham oder Angst in Ihrem Herzen umzuwandeln, müssen Sie die Kraft des Mitgefühls hinzufügen. Mit Hilfe Ihres Herzens können Sie zu einer ausgeglicheneren Emotionalität finden und neue Hoffnung schöpfen.

Kapitel 8

Die Kraft des Mitgefühls

Mitgefühl wurde in diesem Buch des Öfteren als ein Werkzeug bezeichnet, das Ihren Emotionen und Ihrem Herzrhythmus zu mehr Kohärenz verhelfen kann. Mitgefühl ist ein zentraler Wert für das Herz; es ist ein Aspekt der Liebe, ebenso wie Wertschätzung und Anteilnahme. Die zentralen Werte des Herzens sind Qualitäten und Gefühle, die dafür sorgen, dass die menschliche Physiologie optimaler funktioniert und größere Harmonie und Wohlbefinden erlebt werden können. Die Empfindung des Mitgefühls für sich und andere ist für die Umwandlung des Ärgers entscheidend.

Mitgefühl verleiht Ihnen die Kraft, für sich und andere zu sorgen, ohne dadurch überlastet zu sein. Wenn Ihre Sorge um andere Menschen, Ihre Arbeit und bestimmte Themen in Ihrem Leben zu Stress ausarten, ist die Sorge um jemanden oder etwas auf ein extremes Maß gestiegen – man könnte von „Überfürsorglichkeit" sprechen. Überfürsorglichkeit führt zu einem inkohärenten Herzrhythmus. Sie ist trügerisch, weil Sie sich wirklich Sorgen machen – über ein Projekt, an dem Sie arbeiten, über die Schulnoten Ihres Sohnes oder darüber, ob Sie Ihre Rechnungen bezahlen können – und doch lässt Ihr Kopf aus Ihrer Anteilnahme nur Frustration, Sorge oder Wut entstehen. Überfürsorglichkeit ist auch in Situationen im Spiel, in denen Sie alles zu persönlich nehmen oder sich durch die Reaktion anderer oder durch das, was jemand vielleicht zu Ihnen sagen könnte, belastet fühlen, oder wenn Sie sich zu sehr auf ein bestimmtes Ergebnis fixieren. Überfürsorglichkeit beginnt als echte Fürsorge, verwandelt sich dann jedoch zu emotionaler Inkohärenz und zu Stress. Sie blockiert Ihre Sicht auf Lösungsmöglichkeiten und sorgt für Frustration und Ärger oder führt in eine Depression.

Der Gegenpol zur Überfürsorglichkeit ist Mitgefühl. Es hilft Ihnen, die notwendigen nächsten Schritte zu erkennen. *Wenn Sie merken, dass Ihre stetig anwachsende Sorge um etwas Sie belastet, wenn Sie frustriert oder verärgert sind, benutzen Sie das Einatmen innerer Haltungen und atmen Sie eine Haltung des Mitgefühls durch Ihr Herz ein und durch Ihren Solarplexus aus. Eine Haltung des Mitgefühls kann sich auf Sie selbst, auf andere Menschen oder sogar auf Weltereignisse beziehen.* Die Aktivierung der Kraft des Mitgefühls wird Ihnen helfen, Ihre Anteilnahme zu festigen. Mitgefühl ist wie ein lindernder Balsam für Ihr Nervensystem. Mitgefühl und angemessene Anteilnahme auszusenden ist einer der schnellsten Wege, den persönlichen „Drive" aus Situationen herauszunehmen und größere Klarheit zu gewinnen.

Mitgefühl stärkt Ihr Gefühl der Sicherheit. Es verhilft Ihnen zu einem neuen Gefühl der Leichtigkeit in Ihrem Leben und reduziert die Heftigkeit und die Häufigkeit, mit der Sie auf emotionale Ärgerauslöser reagieren. Wenn Sie sich oder andere verurteilen, schüren Sie nur Frustration und Ärger. Hinter jeder Verurteilung und Anschuldigung verbirgt sich ein Mangel an Sicherheit, der auf diese Weise verdeckt werden soll.

Auch Ihr Immunsystem und Ihre Gesundheit werden gestärkt, wenn Sie sich darin üben, mehr Mitgefühl und Anteilnahme zu empfinden. Mitgefühl kurbelt Ihr Immunsystem an, während die Immunreaktion durch akuten Ärger bis zu 6 Stunden lang unterdrückt sein kann (Rein, Atkinson und McCraty 1995).

Ärger als Maske für etwas anderes

Mitgefühl verhilft Ihnen zu der Erkenntnis, dass Frustration, Ärger und Wut oft nur eine Maske für andere unerledigte Gefühle wie Verletzungen, Betrug, Schuld und Scham sind. Um diese vom Ärger überlagerten Gefühle aufzudecken und umzuwandeln, brauchen Sie die Kraft des Mitgefühls. *Die Übung „Hinter den Ärger schauen" wird Ihnen dabei helfen, herauszufinden, was hinter Ihren Ärgerauslösern steht. Nehmen Sie die Kraft des Mitgefühls in diese Übung mit hinein. Benutzen Sie während der Beantwortung der Fragen die Neutralisierungstechnik und das Einatmen innerer Haltungen. Das wird Ihnen ein Gefühl der Sicherheit geben, wenn bisher ungelöste Themen, die in Ihren neuronalen Schaltkreisen gespeichert sind, wieder an die Oberfläche kommen. Atmen Sie Mitgefühl durch Ihr Herz ein und durch den Solarplexus aus, um aufgestaute emotionale Energie freizusetzen und das Persönliche aus den Themen herauszunehmen. Niemand möchte den Schmerz der Vergangenheit wieder erleben. Durch die Kraft des Mitgefühls können Sie aufgestaute Gefühle befreien und zu einem neutraleren Verständnis gelangen.*

Hinter den Ärger schauen

1. Notieren Sie auf einem Blatt Papier oder in Ihr Tagebuch, wie Sie reagieren, wenn Sie verärgert sind. Kennen Sie irgendeine der folgenden Reaktionen auch an sich selbst?

- Sie geben nicht zu, dass Sie verärgert sind.
- Sie sind eingeschnappt und schmollen.
- Sie weichen anderen Menschen aus.
- Sie schnauzen andere Menschen an.
- Sie sind gemein zu anderen.

- Sie schüchtern andere Menschen ein oder tyrannisieren sie, um sich durchzusetzen.
- Sie manipulieren andere, um Ihre Ziele zu erreichen.
- Sie werden sarkastisch.
- Sie brüllen und fluchen.
- Sie werfen mit Gegenständen.
- Sie essen und trinken zuviel.
- Sie haben an allem etwas auszusetzen.
- Sie überlegen sich, wie Sie es anderen heimzahlen können.
- Sie explodieren.
- Sie werden gewalttätig.
- Sie schütten durch vermehrte negative Gedanken Öl ins Feuer Ihres Ärgers.
- Sie hocken so lange auf Ihrem Ärger, bis irgendetwas dafür sorgt, dass Sie Ihre Beherrschung verlieren.

2. Überlegen Sie sich, was hinter diesen Verhaltensweisen liegen könnte. Fragen Sie Ihr Herz ernsthaft, welche der folgenden Emotionen Sie durch den Ärger zu verdecken suchen:

- Sorge
- Angst
- Schuld
- Enttäuschung
- Verlegenheit
- Eifersucht
- Resignation
- Hoffnungslosigkeit
- Depression

Denken Sie an ein Ereignis, bei dem Sie Ihre wahren Gefühle hinter dem Ärger versteckt hatten, und beschreiben Sie es mit wenigen Wor-

ten. War Ihr Ärger in dieser Situation hilfreich oder verletzend? Führen Sie dies kurz aus.

Wenn Sie merken, dass Sie ärgerlich werden, benutzen Sie die Technik des Freeze-Frame und stellen Sie sich folgende Fragen:

- Bin ich verletzt, eifersüchtig oder enttäuscht?
- Was frustriert mich?
- Wovor habe ich Angst?
- Was möchte ich wirklich?

3. Denken Sie an eine alte emotionale Erinnerung, die immer wieder hochkommt und erneuten Ärger verursacht, und schreiben Sie diese auf. Welche zugrunde liegenden Gefühle werden durch diese Situation in Ihnen ausgelöst? Es könnte jedes der folgenden aufgeführten Gefühle sein oder auch ganz andere, die hier nicht angeführt sind.

- Unsicherheit
- Schuld
- Verletzung
- Enttäuschung
- Verlegenheit
- Eifersucht
- Groll
- das Gefühl, nicht liebenswert zu sein

Welche Bilder oder Gedanken folgen diesen Gefühlen in der Regel? Schreiben Sie die entsprechenden Bilder oder Gedanken, die auftauchen, neben die Gefühle.

Wenn Sie nun auf Ihre Defizite schauen, die Sie auf Ihrem Bilanzblatt über Vermögenswerte und Defizite in Kapitel 7 notiert haben, werden Sie vielleicht einige der verdeckten Emotionen erkennen, die zu Ihren Defiziten beigetragen haben. Benutzen Sie auch weiterhin die Neutralisierungstechnik oder das Einatmen der inneren Haltung des Mitgefühls, um diese Emotionen aufzulösen.

Wenn Sie in den kommenden Tagen merken, dass Sie frustriert oder ärgerlich werden, benutzen Sie die Freeze-Frame-Technik und fragen Sie sich, was hinter diesem Gefühl steckt. Um die Emotionen, die Sie aufdecken werden, umwandeln zu können, ist es wichtig, sich tagsüber immer wieder über die eigenen Gefühle im Klaren zu sein. Es dauert nicht länger als eine Sekunde, innezuhalten und sich zu fragen „Was ist los? Was fühle ich?" Gestehen Sie sich Ihre Gefühle ehrlich ein. Machen Sie sich klar, dass Sie emotionale Energie verlieren, sobald Sie etwas ärgert oder stört. Der Zustand der Frustration laugt Ihre Energie noch mehr aus, während die Angewohnheit, Gefühle unter den Teppich zu kehren, die Energie so lange verschlossen hält, bis der nächste Auslöser auftaucht.

Zur Umwandlung der Emotionen, die Sie hinter Ihrem Ärger entdecken werden, müssen Sie zunächst einmal Mitgefühl und Anteilnahme gegenüber sich selbst aufbringen, um sich mit dem Gefühl anzufreunden, das umgewandelt werden soll. Dadurch werden blockierende Energien freigesetzt und es wird größere Kohärenz erreicht. Wenn Sie unangenehme Gefühl verdrängen, leben sie im Untergrund weiter. Schauen Sie der Angst oder dem Unbehagen ins Gesicht und senden Sie dem Teil von Ihnen, der sich fürchtet und unbehaglich fühlt, Mitgefühl und Anteilnahme. Nehmen Sie das Unbehagen in Ihr Herz hinein. Halten Sie einen Moment inne, um sich noch einmal daran zu erinnern, dass alles, was sich zeigt, in Ordnung ist. Ihre Gefühle sind eine ganz normale menschliche Reaktion. Seien Sie mitfühlend mit sich selbst, machen Sie dann weiter mit dem, was Sie gerade tun, und gehen Sie zum Herzen zurück, ohne die Gefühle zu persönlich zu nehmen. Benutzen Sie das Einatmen innerer Haltungen oder die Technik des Freeze-Frame, um die Energie umzuwandeln und größere intuitive Klarheit zu gewinnen. Akzeptieren Sie, dass die Umwandlung ungelöster Emotionen stufenweise vor sich geht, durch Befreiung und Einsichten, und nicht auf einen Schlag stattfindet. Verankern Sie jede Einsicht, die Sie durch das Einatmen innerer Haltungen gewonnen haben und handeln Sie so, wie Ihr Herz es Ihnen rät.

Die Verletzlichkeit des Herzens

Häufig vermeiden Menschen Gefühle aus Angst, verwundbar zu werden und in ein emotionales Loch hineinzufallen, aus dem sie so leicht nicht mehr herauskommen. Es gibt verschiedene Arten der Verwundbarkeit. Die Verletzlichkeit, die durch Ihre aufgestauten Emotionen entstanden ist, kann Sie vor die Hunde gehen lassen. Die Verletzlichkeit durch die Emotionen anderer Menschen kann Ihnen ebenfalls die Energie rauben. Eine dritte Art der Verletzlichkeit jedoch, *die Verletzlichkeit Ihres Herzens*, gibt Ihnen die Kraft, mit den beiden vorher genannten Arten umzugehen.

Ein verletzbares Herz hat nichts mit Sentimentalität oder Schmalz zu tun. Es geht nicht um den Versuch, lieb zu sein und anderen zu erlauben, auf Ihnen herumzutrampeln, oder zuzulassen, dass die Gefühle anderer Sie herunterziehen. Ein verletzbares Herz zu haben bedeutet vielmehr, fest im Herzen zentriert zu sein, während Sie *spüren*, um was es wirklich geht, und auf Ihre vernünftige Herzintelligenz zu *hören*.

Gefühle müssen angeschaut werden, andernfalls verhindern Sie Fortschritte in vielen Bereichen Ihres Lebens. Ein verletzbares Herz zu haben erlaubt Ihnen, Ihre Gefühle hoffentlich so wahrzunehmen, wie sie jeweils gerade durch Sie hindurchfließen, bevor sie sich zu einer Kaskade von Ärger oder Wut entwickelt haben. Wenn Sie wahrnehmen und spüren, was wirklich da ist, können Sie Mitgefühl für Ihre Gefühle aufbringen. Wenn Sie hingegen auf das, was hochkommt, enttäuscht, verletzt oder mit Schuldgefühlen reagieren, weil Sie alles zu persönlich nehmen, reagieren Sie aus Ihrem Kopf heraus, nicht aus Ihrem Herzen. Es ist nur allzu menschlich, alles zu persönlich zu nehmen, aber das führt zu keiner Umwandlung. Sie müssen beim Auftauchen unangenehmer Gefühle in Ihrem Herzen zentriert bleiben und die Kraft des Mitgefühls nutzen. Dann kann Ihre Herzintelligenz Ihnen dabei behilflich sein, mit diesen Gefühlen umzugehen.

Das Herz hat einen schlechten Ruf, weil es von vielen Menschen mit Unsicherheit oder großem Kummer assoziiert wird. Das trifft jedoch nicht auf das kohärente Herz zu, von dem wir hier sprechen. Unsicherheit ist ein Gefühl, das im Kopf entsteht und zu einem inkohärenten Herzrhythmus führt. Wenn Menschen aus Unsicherheit heraus emotional verwundbar werden, dann schmollen sie, werden anmaßend und fühlen sich leicht verletzt. Das geschieht, weil sie ihre Anteilnahme an bestimmte Bedingungen gekoppelt haben. Sie möchten erreichen, dass sich Dinge in eine ganz bestimmte Richtung entwickeln. Wenn sie dann nicht bekommen, was sie erreichen wollten, werden sie ärgerlich.
Sentimentaler Schmalz und Unsicherheit haben nichts mit Offenherzigkeit zu tun. Echte Offenherzigkeit oder Verwundbarkeit des Herzens beinhalten Liebe, Mitgefühl, Wertschätzung oder Vergebung – nicht, um irgendetwas zurückzubekommen, sondern um im Herzen zentriert zu bleiben. Ein offenes Herz kann

eine Unsicherheit in eine größere Sicherheit verwandeln und Ihnen mit größerer Klarheit die Botschaften Ihrer Intuition übermitteln.

Ihre Intuition reift in dem Maße, in dem Sie selbst emotional reifen. Beginnen Sie damit, sich selbst gegenüber im Herzen offen zu sein. *Spüren Sie, was wirklich in Ihnen vor sich geht. Das ist keine Haltung, die Sie annehmen, sondern einfach eine Einwilligung, intensiver auf Ihr eigenes Herz zu hören. Konzentrieren Sie Ihre Aufmerksamkeit auf Ihr Herz und stellen Sie sich die Frage „Was fühle ich in diesem Moment?" oder „Wie geht es mir mit dieser Besprechung, die sich so ewig hinzieht? ... mit der Art und Weise, in der mein Sohn gerade mit meiner Frau gesprochen hat? ... mit dem bevorstehenden Gespräch?". Wenn Sie unsicher sind, was Sie genau fühlen, stellen Sie die Frage noch spezifischer: „Habe ich Angst, fühle ich mich verletzt, enttäuscht oder betäubt?" Bleiben Sie mit Ihrer Aufmerksamkeit in Ihrem Herzen, um intuitiv zu spüren, worum es geht.*

Ein offenes Herz gibt Ihnen den Schlüssel zu erkennen, was durch den Ärger möglicherweise zugedeckt wird. Unterschwellige Gefühle und Einstellungen, die für Ihre Reaktionen verantwortlich sind und die Ihre Entscheidungen ohne Ihr Wissen motiviert haben, werden Ihnen bewusst. Daraufhin können Sie die Herzwerkzeuge einsetzen, die Sie gelernt haben, um eine größere emotionale Kohärenz in diese Gefühle hereinzubringen und intuitiv zu spüren, welche Schritte als Nächstes zu tun sind.

Oft genug weiß man bereits, welche Gefühle dem Ärger zugrunde liegen. Man kennt sie schon lange bevor das Herz offen genug ist, um es zuzugeben. Vielleicht hat man von der Intuition seines Herzens erfahren, was zu tun wäre, um die zugrunde liegenden

Gefühle aufzulösen. Vielleicht bestand sogar die starke Absicht, dem Rat des Herzens zu folgen, aber letztlich wurde der Vorsatz doch nicht ausgeführt. Menschen fallen aus Angst, emotional angreifbar zu werden, auf den Weg, den ihnen ihr Kopf vorschreibt, oder in ihre alten Verhaltensweisen zurück. Sie haben Angst vor dem, was andere von ihnen denken könnten oder was passieren könnte, wenn sie auf ihr Herz hören. Sie befürchten, man könnte sie kritisieren oder auf ihnen herumtrampeln. Oder sie könnten dadurch nicht das bekommen, was sie haben möchten. Diese Ängste gehören jedoch alle zum Standard der emotionalen Projektionen und der kopfgesteuerten Reaktionen. Offenheit des Herzens bedeutet, auf die *Botschaften des Herzens* zu hören, ohne dass der *Verstand* diese Herzensbotschaften filtert, um zu erreichen, was *er* möchte. Kopfgesteuerte Reaktionen ohne die Offenheit des Herzens sind eine der häufigsten Ursachen für emotionalen Schmerz und späteres Bedauern. Es liegt in Ihrer Hand, das jetzt zu verändern.

Die Geschichte von Scott und Andy zeigt, was passiert, wenn man sein Herz verschließt. Scott und Andy waren Freunde und Geschäftspartner. Sie hatten viele unterhaltsame Abende miteinander verbracht, entspannende Cocktails getrunken und sich dabei über persönliche und geschäftliche Themen unterhalten. Dann jedoch gab es für Scott eine sehr schwierige Zeit mit seiner Familie und Andy sagte ihm, er wolle darüber nichts mehr hören und es sei besser, die einstige Freundschaft nur noch als Geschäftsbeziehung weiter zu führen.

Kurz darauf begann sich ihre Geschäftsbeziehung zu verschlechtern. Andy geriet durch geschäftliche Entscheidungen, die Scott traf, in Rage, während Scott das Gefühl hatte, Andy würde ihn manipulieren und versuchen, ihn in der Firma an den Rand zu drängen. Die Situation verschlechterte sich zunehmend, weil jeder den anderen verdächtigte, ihm den Garaus machen zu wollen, bis sie schließlich nur noch über ihre Anwälte miteinander verkehrten. Als beide Männer kurz davor standen, unwiderrufliche juristische Schritte zu unternehmen, konnten sie sich doch noch darauf einigen, das Ganze noch einmal im Beisein eines Coachs, der ein gemeinsamer Freund von beiden war, durchzusprechen. Der Trainer ließ sie die Werkzeuge der Herzintelligenz nutzen, um ihre Schritte zurückzuverfolgen und herauszufinden, was hinter ihrem Ärger steckte. Andy öffnete sein Herz und gab zu, dass es anfing, schief zu laufen, als er Scott gegenüber sein Herz verschloss. Auch Scotts Herz öffnete sich und er erzählte Andy, auf welche Weise dessen Verhalten ihn beeinträchtigt hatte. Das war seit langer Zeit das erste authentische Gespräch zwischen den beiden.

Das Zudecken von Emotionen und das Unterdrücken schmerzhafter Gefühle kostet viel Energie. Das Leben konfrontiert uns immer wieder mit Situationen, die extrem unfair, unfreundlich und schmerzhaft sind.

Wenn Sie die Verletzlichkeit des Herzens zulassen, können Sie verhindern, dass sich aus solchen Erfahrungen neue Geschichten entwickeln, die sich verfestigen, oder dass alte Geschichten verstärkt werden. Ein offenes Herz ist das Tor zur Intuition und Ehrlichkeit sich selbst gegenüber. Bei einem offenen Herzen bekommt die Intuition eine Chance, sich zu zeigen. Sie müssen Ihr Herz offen halten, um eine feste Verbindung zur Herzintelligenz herzustellen und in Zukunft bessere Entscheidungen zu treffen.

Einen Rhythmus finden, der Widerstände überwinden hilft

Sie werden merken, dass Sie sich leichter durch die Hindernisse und Widerstände des Lebens hindurch bewegen, wenn Sie ein offenes Herz haben. Sie treten auf einer authentischeren Ebene mit anderen Menschen in Verbindung und fühlen sich mehr im Einklang mit sich selbst. Erinnern Sie sich noch an die Imaginationsübung im 5. Kapitel, bei der Sie versucht hatten, sich Ihren Weg durch einen überfüllten Flughafen zu bahnen? Sie versuchten, noch in letzter Minute Ihr Flugzeug zu erreichen, kamen aber nur unterschiedlich schnell voran, je nachdem, welche Hindernisse sich Ihnen in den Weg stellten. Wenn es zu dicht wurde, mussten Sie die Geschwindigkeit reduzieren, dann wieder beschleunigen, ohne zu rennen, um nicht mit anderen Menschen zusammenzustoßen, die ihnen entgegenkamen. Als Sie zu einem Werkzeug griffen, das Ihnen half, im Zentrum Ihres Herzens zu bleiben, konnten Sie einen Rhythmus finden, der es Ihnen erlaubte, sich fließend um die Hindernisse herum zu bewegen.

Im Leben gilt das Gleiche. Unabhängig davon, wie groß Sie das Problem mit Ihrem Ärger erleben oder wie viele Hindernisse sich im Lauf des Tages in Ihren Weg stellen, können Sie sich auf eine neue Art und Weise durch Ihr Leben bewegen, wenn Sie Ihr Herz mit einbeziehen. Sie werden lernen, durchs Leben zu tanzen, anstatt sich von dem Gefühl beherrschen zu lassen, Ihr Ziel sowieso nicht zu erreichen.

Einen Rhythmus zu finden, der die Widerstände überwinden hilft, erfordert, im Verlauf des Tages immer wieder auf das eigene Herz zu hören. Widerstand kann sich unterschiedlich zeigen: in Form eigener Gedanken und Emotionen, durch andere Menschen (die nicht das tun, was Sie von ihnen erwarten) oder durch äußere Hindernisse (Verkehrsstaus, Computerabstürze, Stapel von Rechnungen u. ä.). Um die Kohärenz auch dann aufrechtzuerhalten, wenn Sie es mit diesen Hindernissen aufnehmen, müssen Sie sich Ihrem Herzen zuwenden und sich von dort aus führen lassen. Wenn Ihr Verstand auf Hochtouren läuft oder auf seinen Weg versessen ist, ist das Letzte, was er will, heruntergefahren zu werden und dem Herzen zu gehorchen. Sie müssen diesem Widerstand des Verstandes mit der Stärke Ihres Herzens entgegentreten. Konzentrieren Sie sich auf Ihr Herz, lassen Sie den Atem durch das Herz fließen und verströmen Sie eine Haltung des Mitgefühls, der Anteilnahme oder der Wertschätzung. Sobald Sie eine größere Kohärenz im Herzen oder einen inneren Frieden spüren, wird sich Ihr Verstand entspannen und den Widerstand aufgeben.

Wenn in Ihrem Alltag nicht genügend Kohärenz besteht, können Sie sich leicht aus dem Rhythmus geworfen oder aus dem Gleichgewicht gebracht fühlen. Die Kraft des Mitgefühls, gepaart mit dem Einatmen innerer Haltungen, hilft Ihnen, Ihren Rhythmus wiederzufinden. Wenn man unter Druck steht, muss man sich schon ernsthaft und buchstäblich „von ganzem Herzen" anstrengen, die inneren Haltungen einzuatmen. Das fühlt sich zunächst vielleicht einmal so an, als ob man versucht, einen der alten Benzinrasenmäher in Gang zu setzen – man muss immer wieder an der Schnur ziehen, damit der Motor anspringt. Um nicht außer Atem zu kommen, muss man dabei einen guten Rhythmus finden. Mit Hilfe des Einatmens innerer Haltungen versuchen Sie, eine neue Einstellung für eine alte mechanische Reaktion vorzunehmen. Wird diese neue Einstellung eine Weile lang eingeatmet, entsteht dadurch ein neuer Rhythmus. Mit der Zeit wird der neue Rhythmus automatisiert und Sie werden sich nicht länger durch alte negative Reaktionen ausgelaugt fühlen. Die Kraft des Mitgefühls hilft Ihnen, in Ihrer Mitte zu bleiben, Einsich-

ten zu verankern, die sich ergeben und neue Referenzpunkte zu errichten, mit deren Hilfe Sie neue Entscheidungen treffen können.

Von der mechanischen Reaktion zur mitfühlenden Aktion

Die pausenlosen automatischen Reaktionen auf die Hindernisse, die sich Tag für Tag in seinem Alltag auftaten, führten bei Michael zu körperlichen Stressreaktionen. Er hatte das Gefühl, dass der Druck, unter dem er Dinge zu erledigen hatte, ihn antrieb, sich noch stärker anzustrengen und noch schneller zu sein, um den Anforderungen gerecht zu werden. Das Gefühl dabei beschrieb er folgendermaßen: „Es war, als ob sich eine Energie gegen mich stemmte, während ich mein Tagespensum bewältigte, wie eine Wand, die auf meine Brust drückte." Michael ist kein Einzelfall. Millionen anderer Menschen spüren diesen mächtigen Druck auf ihrer Brust, in ihrem Kopf oder ihrem Magen. Wenn er nicht ernst genommen wird, können sich daraus Schmerzen in der Brust, Kopfschmerzen, Magenprobleme oder andere gesundheitliche Beeinträchtigungen entwickeln.

Druck erzeugt automatisch Gegendruck, also den Versuch, durch noch stärkeren Druck den Widerstand zu überwinden oder das Hindernis zu beseitigen. Gegendruck jedoch führt nur zu Rigidität und einer Perspektive des Kämpfens. Sie können spüren, wie Sie aufdrehen, um den Widerstand zu überwinden, oder wie Sie von der Schwere der Situation hinuntergezogen werden. In beiden Fällen fühlen Sie sich unbehaglich.

Probieren Sie einmal aus, wie es ist, sich dem Widerstand nicht entgegenzustellen, sondern den Druck durch Entspannen aufzulösen. Lernen Sie, den Druck als Warnsignal dafür zu erkennen, dass Sie aus dem Gleichgewicht, aus dem Fluss geraten sind. Treten Sie ernsthaft einen Schritt zurück und entspannen Sie sich, während Sie Ihr Tempo ein wenig verlangsamen. Gehen Sie locker in Ihr Herz, atmen Sie Mitgefühl und Wertschätzung ein und Sie werden zu Ihrem Erstaunen erleben können, dass Sie in vielen Fällen den Druck loslassen und einen einfacheren Weg durch oder um die Hindernisse herum erkennen können. Sie können mehr Dinge mit größerer Effektivität und geringerem Energieverlust erledigen.

Je mehr Übung Sie darin bekommen, Mitgefühl zu atmen und sich der Hindernisse anzunehmen anstatt sich ihnen zu widersetzen, desto besser wird es Ihnen gelingen, einen ausgewogenen Rhythmus aufrechtzuerhalten, und dadurch wird sich die Intuition Ihres Herzens immer automatischer einstellen. Es ist der Rhythmus, der jede neue Fähigkeit automatisch werden lässt – sei es Fahrrad fahren, Golf spielen oder Schreiben lernen. Wenn Kinder Schreiben lernen, lassen die Lehrer sie den gleichen Buchstaben immer wieder ausführen, damit sie ein Gefühl für die Rundungen der Buchstaben bekommen. All diese Übung macht sich bezahlt, wenn sich der Rhythmus einstellt. Der Lehrer weiß, dass der Rhythmus, mit dem der Bleistift auf eine ganz bestimmte Art und Weise gehalten und die Rundungen geübt werden, dem Schüler hilft, den Schreibfluss zu finden. Erfolg hat damit zu tun, so lange ernsthaft zu üben, bis der Rhythmus Ihr Herz (die Intuition), Ihr Gehirn (das Gedächtnis) und das Nervensystem (die Handlung) miteinander verbindet.

Das Gleiche gilt für emotionale Fähigkeiten. Sie lernen, Ihre emotionalen Auslöser zu identifizieren, zu erkennen, was dahinter liegt, und schließlich genügend Herzkohärenz zu erzeugen, um

Ihre Emotionen auch dann im Griff zu haben, wenn sich Widerstände in Ihren Weg stellen. Haben Sie erst einmal Ihren Rhythmus gefunden, werden Sie eine ganz andere Freude an Ihrer Arbeit, an der Erfülltheit Ihrer Beziehungen und an Ihrer Lebensqualität erleben können.

Innere Grundwerte

Sie finden eine größere Erfüllung in Ihrem Leben, wenn Sie mehr aus Ihren inneren Werten heraus handeln. Diese inneren Werte finden Sie, indem Sie Ihr Herz befragen, so wie Sie es in der Freeze-Frame-Technik tun. Die Antwort des Herzens ist häufig sehr einfach und gibt Ihnen den Rat, freizugeben, loszulassen, zu vergeben, weiterzugehen. In solchen Fällen ist die Intelligenz des Herzens zum Zuge gekommen. Wenn Sie auf die Übungen in diesem Buch zurückschauen, werden Sie erkennen, dass die Stimme Ihres Herzens innere Werte vertritt wie Urteilslosigkeit, Wertschätzung, Anteilnahme, Mitgefühl oder Vergebung. Ihr Herz weiß, dass diese inneren Werte die Grundlage für ein effektives und intelligentes Leben sind.

Gehen Sie zurück zu Kapitel 6 und 7 und schauen Sie sich die Antworten an, die Ihr Herz auf die Fragen in Ihrem Freeze-Frame-Arbeitsblatt und dem Bilanzblatt über Vermögenswerte und Defizite gegeben hat. Welche Ihrer inneren Werte sollten Sie nach Ansicht Ihres Herzens einsetzen, um die Defizite in Vermögenswerte umzuwandeln? Hat Ihr Herz Sie gedrängt, zu vergeben, loszulassen oder sich zu entspannen?

Wissenschaftliche Untersuchungen unterstreichen, wie wichtig es ist, aus den inneren Werten heraus zu handeln. Eine Untersuchung an der Stanford-Universität zum Thema Vergebung hat gezeigt, dass Menschen sehr viel weniger Ärger empfanden, wenn sie mit den Werkzeugen der Herzintelligenz gearbeitet hatten. Sie hatten neue Wege gefunden, mit zwischenmenschlichen Verletzungen umzugehen, und griffen viel bereitwilliger zur Problemlösungsstrategie der Vergebung (Luskin 1999). Die Grundwerte Ihres Herzens werden Ihnen helfen, bessere Entscheidungen zu treffen und Ihre Fähigkeit aufzubauen, in Kohärenz zu bleiben.

Die Wirksamkeit aller Herzwerkzeuge und Techniken, die Sie gelernt haben, erhöht sich dadurch, dass Sie sich in der Kraft des Mitgefühls üben. Sie werden mehr Mitgefühl für sich selbst und andere Menschen empfinden – für den Versuch, die eigenen Emotionen zu verstehen oder mit ihnen zurechtzukommen, vor allem in unserer sich schnell verändernden Zeit. Suchen Sie die inneren Werte, die Sie schätzen, bei sich und anderen, und verstärken Sie diese Werte durch die Herzwerkzeuge. Wenn Sie privat und beruflich ernsthaft aus diesen inneren Werten heraus leben, bleiben Sie in Ihren Kommunikationen authentisch und werden in der Lage sein, Ihren Ärger schnell in ein mitfühlendes Verständnis zu verwandeln.

Kapitel 9

Die Wut verwandeln – zu Hause

Wenn es Menschen gelingen würde, nur 10 Prozent des Ärgers umzuwandeln, der sich in der häuslichen Umgebung abspielt, könnten unzählige Scheidungen vermieden werden. Ärger – und die Emotionen, die hinter dem Ärger stehen – zerstören Beziehungen selbst dort, wo noch tief empfundene Liebe vorhanden ist. Ärger untergräbt die Fürsorge füreinander und verschließt das intuitive Gespür des Herzens. Häuslicher Ärger erzeugt eine so große Inkohärenz, dass eine Atmosphäre der Angst, Unsicherheit und Instabilität entsteht.

Untersuchungen haben ergeben, dass sich das Muster des Herzrhythmus einer Person im Muster der Gehirnwellen einer anderen Person zeigt, wenn beide nahe beieinander sind. Die elektromagnetische Energie, die von Ihrem Herzschlag erzeugt wird, strahlt über Ihren Körper hinaus aus. Das rhythmische Muster Ihres Herzschlages, das eine Aussage über Ihren emotionalen Zustand macht, wird anderen Menschen auf elektromagnetischem Wege übermittelt (McCraty, Atkinson et al. 1998). Das bedeutet, dass sich Ihr Ärger und Ihre Inkohärenz auf die Menschen auswirken, die Ihnen nahe sind und umgekehrt.

Glücklicherweise kann sich auch ein *kohärenter* Herzrhythmus auf diejenigen auswirken, die Ihnen nahe stehen. Wenn Sie Ihren Ärger umwandeln, teilt sich Ihre größere Kohärenz auch denjenigen mit, die Sie lieben. Sie können den Unterschied spüren. Vielleicht können sie ihn nicht genau benennen, aber sie können eine größere Leichtigkeit oder Harmonie wahrnehmen.

Diese elektromagnetische Kommunikation ist messbar (McCraty 2004). Sie ist nichts Mystisches. Hier handelt es sich um Physik. Die Kraft zur Umwandlung entsteht dadurch, dass Sie sich die Kraft Ihres Herzrhythmus nutzbar machen.

Anne Berlin, eine Psychologin und zertifizierte Herzintelligenz-Trainerin, verwendet die Interventionen der Herzintelligenz bei Klienten, die in ihrer Partnerschaft mit großen Problemen zu kämpfen haben. Dr. Berlin hat herausgefunden, dass bei Paaren, denen sie die Freeze-Frame-Technik nahe gebracht hatte, Wut und Feindseligkeit während der Therapiesitzung unmittelbar zurückgehen, so dass eine wesentlich bessere Kommunikation möglich ist. Ihr ist aufgefallen, dass sich in vielen Fällen auch beim Partner eine emotionale Veränderung zeigt, wenn sich einer der beiden durch die Anwendung der Technik emotional positiv verändert.

Dr. Berlin hat die Freeze-Frame-Technik auch an solche Frauen weitergegeben, die Schwierigkeiten mit ihrer Elternrolle haben. Einige dieser Mütter waren frustriert, weil sie das Gefühl hatten, sich ständig wiederholen zu müssen, wenn sie versuchen, mit ihren Kindern zu reden und sie zu disziplinieren. Diese Frauen entdeckten, dass ihre Kinder besser reagierten und eher zur Kooperation bereit waren, wenn sie in einer solchen Situation innehielten und die Freeze-Frame-Technik benutzten.

Michelle Baldwin arbeitet als klinische Sozialarbeiterin in ihrer Privatpraxis und ist darüber hinaus als Universitätsdozentin tätig. Sie fand heraus, dass die Techniken und Werkzeuge der Herzintelligenz besonders wertvoll sind bei der Arbeit mit Paaren, deren Thema der Beziehungsstress ist. Dr. Baldwin hat diese Techniken sowohl in die Arbeit in ihrer Privatpraxis integriert als auch in das PAIRS-Gruppenprogramm (Practical Application of Intimate Relationship Skills) ein edukatives Trainingsprogramm für Paare, das Fähigkeiten vermittelt, die zur Verbesserung der Beziehung und zur Scheidungsprävention beitragen. Sie leitet dieses Programm gemeinsam mit ihrem Ehemann, Dr. med. DeWitt Baldwin, einem Psychiater und Dozenten an der American Medical Association.

Dr. Baldwin konnte in ihrer Arbeit mit den Paaren feststellen, dass die Interventionen der Herzintelligenz besonders wertvoll sind, wenn es darum geht, die Kommunikation zu verbessern und den Ärger zu beherrschen. Ihrer Erfahrung nach waren Methoden, die dazu einladen, das Gefühl der Wut abzureagieren, für ihre Klienten nicht besonders hilfreich. Sie berichtet: „Menschen, die aufgebracht sind, brauchen wirklich solche Fähigkeiten wie die Techniken der Herzintelligenz. Sie vermitteln eine viel bessere und reifere Möglichkeit, mit negativen Gefühlen umzugehen." Und sie fügt hinzu: „Ich benutze die Techniken und Werkzeuge auch für mich selbst und betrachte sie als höchst wertvoll für die psychische Gesundheit und als effiziente Methode für Therapeuten, sich zu regenerieren und zwischen den einzelnen Klienten wieder ‚klar' zu werden."

Was löst Ihren häuslichen Ärger aus?

Wenn Sie damit beginnen wollen, den Ärger umzuwandeln, der in Ihren engen Beziehungen immer wieder auftritt, erstellen Sie am besten zunächst ein Inventar der geläufigsten Situationen, die Sie zu Hause oder im Zusammensein mit anderen Familienmitgliedern auf die Palme bringen. Wer oder was bringt Sie am ehesten in Rage? Schreiben Sie eine Liste, zum Beispiel: Ehepartner, Kinder, Mutter, unbezahlte Rechnungen, Hausarbeit und Ähnliches.

Denken Sie nun an andere Situationen, in denen Sie normalerweise Ihrem Ärger in einer Weise Luft machen, die sich auch auf Ihre Familie auswirken könnte, und ergänzen Sie Ihre Liste damit. Sind Sie anfällig für Ärger im Straßenverkehr? Werden Sie wütend, wenn Ihre Lieblingsmannschaft ein Spiel verliert oder ein Schiedsrichter eine schlechte Entscheidung trifft? Gibt es Frustrationen bei der Arbeit, die aufs Privatleben übergreifen? Ihre Familie kann leicht zum „Mülleimer" für negative Emotionen werden, die aus der Arbeitswelt herrühren.

Hier sind einige tiefer gehende Fragen, für die Sie sich Zeit nehmen sollten: Reagieren Sie wütend auf Menschen, weil Sie das Gefühl nicht aufgeben wollen, andere durch Ihren Ärger in der Hand zu haben? Ersetzen Sie Intimität durch Intensität? Decken Sie mit Ihrem Ärger andere Gefühle zu, beispielsweise Einsamkeit, Langeweile, Unruhe oder innere Leere? Was käme zum Vorschein, wenn Sie den Ärger wegnehmen würden?

Häuslicher Ärger ist in den meisten Fällen ein Ausdruck von verdecktem Schmerz. Sie haben vielleicht nicht die geringste Ahnung, woher der Schmerz kommen könnte, aber Sie haben gelernt, dass man ihn hinter Ärger verstecken kann. Denken Sie daran, dass Ärger zu einer Gewohnheit werden kann. Wenn Sie am Telefon allein schon der Tonfall in der Stimme Ihrer Schwiegermutter aufregt, dann ist das eine mechanische Reaktion. Schließlich hat sie zu diesem Zeitpunkt noch überhaupt nichts gesagt, was Ihren Ärger hätte auslösen können.

Ungelöster Stress in Verbindung mit automatisierten Reaktionen ist häufig der Ursprung für Ärger im häuslichen Bereich. Eine Gewohnheit verfestigt sich durch Wiederholungen. Kennen Sie das unaufhörliche Tonband in Ihrem Kopf: „Wenn sie (oder er) nur ...

tun würde, dann ...“? Oder hören Sie, wenn es um Ihre Kinder geht, die Stimme in Ihrem Kopf sagen: „Sie machen einfach immer wieder ..., deshalb habe ich ein Recht darauf, auch weiterhin verärgert zu bleiben?“ Wenn Sie die Fehler eines anderen Menschen im Geist immer wieder aufwärmen, bleiben Sie in einer Endlosschleife innerer Frustration gefangen. Der Ärger sorgt dafür, dass Sie in der Rolle eines Angreifers bleiben, der die anderen beschuldigt und sich im Gegenzug von den anderen beschuldigt und angegriffen fühlt. Der Kopf verteidigt sich mit „Ja, aber die anderen ...“, und das erhält den Ärger am Leben. Vielleicht haben Sie diese Gewohnheit, ärgerlich zu reagieren, bereits in Ihrer Kindheit oder Jugend von Ihren Eltern oder anderen Verwandten übernommen.

Den Teufelskreis des Ärgers durchbrechen

Um häuslichen Ärger umzuwandeln, müssen Sie den Kreislauf des Ärgers unterbrechen. Manche Menschen gehen zu Eheberatern, Psychotherapeuten und Seelsorgern und suchen dort Hilfe, aber häufig genug muss es erst einen äußeren Anlass dafür geben, dass sie das festgefahrene Muster des häuslichen Ärgers unterbrechen. In Familien können jahrelang starke inkohärente Energien vorhanden sein, bevor es irgendwann einmal zu einer Explosion oder einem Zusammenbruch kommt und das Muster unterbrochen wird. Allzu oft allerdings wird das Muster erst durch Trennung oder Scheidung, körperliche Gewalt, Haftstrafen oder eine lebensbedrohliche Krankheit durchbrochen.

Sie haben die Macht, diesen Kreislauf zu beenden, bevor es zu einer Katastrophe kommt. Die Techniken und Herzwerkzeuge, die Ihnen in diesem Buch angeboten werden, zeigten dramatische

Erfolge beim Aufbau von Kohärenz und bei der Umwandlung von Ärger in Situationen, die hoffnungslos zu sein schienen.

Bob Rummel, ein zertifizierter Herzintelligenz-Trainer, brachte diese Techniken einem amerikanischen Indianerstamm bei, in dem es überdurchschnittlich viele Fälle von Missbrauch gab. Er berichtet: „Die Erfolgsgeschichten sind diejenigen, in denen Menschen, die selbst als Kinder missbraucht wurden, ihre eigenen Kinder nicht mehr missbrauchen. Durch die Anwendung der Techniken der Herzintelligenz konnte ich beobachten, wie dieser Teufelskreis des Missbrauchs abrupt in sich zusammenbrach." Er vermittelt vor allem die Freeze-Frame-Technik. „Die Freeze-Frame-Technik", sagt er, „ist keine Visualisierung oder Meditation. Sie ist für den Alltag gedacht, wenn Ihnen jemand ins Gesicht gesprungen ist und Sie überlegen, wie Sie darauf reagieren sollen." Er fügt hinzu: „Dieses Werkzeug holt Sie aus Ihren reaktiven Gedanken heraus. Sie gehen in die Neutralität. Dadurch werden Sie an Ihr intuitives Bewusstsein angeschlossen."

Eine „Auszeit" für das Herz nehmen

Eine der Methoden, die am häufigsten genannt wird, wenn es um Ärger in der Beziehung geht, ist die Auszeit. Beide Partner einigen sich darauf, eine Auszeit zu nehmen, wenn sich die Dinge zuspitzen. Sie vereinbaren, dass beide die Auszeit einhalten, wenn sie von einem eingefordert wird. Für den Fall, dass sie sich im Wortgefecht gegenseitig nicht mehr erreichen, wird ein Handzeichen vereinbart. Allerdings geschieht es häufig, dass einer der Partner ernsthaft versucht, diese Auszeit zu nehmen, während der andere zwar mitmacht, sie im Grunde genommen aber hasst. Sue berichtet von ihrem Partner Gary:

„Normalerweise bin ich diejenige, die um eine Auszeit bittet. Gary sagt, er versuche es zwar, aber für ihn würde sie nicht funktionieren. Selbst wenn wir zu sprechen aufhören, kocht er immer noch und seine Körpersprache zeigt das auch." Gary schafft es nicht, seine Laune zu verändern. Die Auszeit geht ihm gegen den Strich, weil er nicht mit dem Herzen dabei ist. Sue fährt fort: „Nachdem ich es schließlich geschafft habe, mich zu beruhigen, mache ich ihm den Vorwurf, dass er sich keine echte Auszeit genommen hat, weil ich denke, ihm sei alles egal. Und das macht mich erneut wütend."

Tatsache ist, dass Gary nicht mitmachen *kann*, solange er die Verbindung zu seinem Herzen nicht weiter entwickelt hat. Daran würde sich auch nichts ändern, wenn er sich diese Auszeit selbst verordnete. Sue resümiert: „Manchmal denke ich daran, mir zu sagen, dass Gary sein Bestmögliches tut, und dass es keinen Sinn hat, wütend zu werden. Aber viel hilft mir das nicht. Ich werde immer noch sauer, dass seine Auszeit nicht echt ist."

Die Strategie der Auszeit ist nur dann effektiv, wenn sie vom Herzen gesteuert wird. Benutzen Sie die Freeze-Frame-Technik, um Ihre mentale Absicht zu verändern und aus der Auszeit eine ernsthafte Handlung des Herzens zu machen. Die Freeze-Frame-Technik bringt Ihr Herz, Ihr Gehirn und Ihr Nervensystem in Einklang und untermauert Ihre Absicht mit der Kraft der Kohärenz. Sie werden diese Übereinstimmung schneller erreichen, wenn Sie lernen, anderen Menschen mit Ihrer Herzensenergie Liebe und Anteilnahme zu senden. Gehen Sie in das tiefere Wissen Ihres Herzens, suchen Sie dort ein Gefühl der Liebe oder Anteilnahme und strahlen Sie diese fürsorgliche Energie aus. Dann werden sich ganz sachte neue Perspektiven genau zwischen die alten kopfgesteuerten Reaktionen wie Überfürsorglichkeit, Projektionen, Verurteilungen, Vorwürfe, Angst oder

Schuld schieben. Benutzen Sie die Heart Lock-In-Technik mehrmals wöchentlich, um Liebe und Anteilnahme in Ihr Zuhause und zueinander auszustrahlen. Ihr Zorn wird sich dadurch abschwächen und Sie werden eine bessere Möglichkeit sehen, mit dem, was Sie ärgert, umzugehen. Wenn Sie dann in einem Moment akuter Wut eine Auszeit nehmen müssen, werden Sie in der Lage sein, Ihre automatische Reaktion zu verlangsamen, sie als alte Reaktion des Kopfes zu erkennen und auf Ihre Herzenskraft umzuschalten, mit deren Hilfe Sie diese Reaktion dann loslassen können. Eine Auszeit, die Sie ins Herz führt – weg von Ihren kopfgesteuerten Reaktionen –, ist eine echte Auszeit.

Wenn Sie die Methode der Auszeit als Disziplinierungsmaßnahme in der Kindererziehung anwenden möchten, machen Sie Ihren Kindern den Vorschlag, die Auszeit mit Hilfe des Freeze-Frame als eine Einkehrzeit ins Herz zu nutzen. (Sollten Sie selbst aufgebracht oder ungehalten sein, nehmen Sie sich ebenfalls eine solche Auszeit und führen die Freeze-Frame-Technik durch). Wenn Ihr Kind alt genug ist, bitten Sie es, ein Freeze-Frame-Arbeitsblatt auszufüllen und Ihnen zu zeigen, was es aufgeschrieben hat, und sprechen Sie mit ihm über das, was sein Herz ihm gesagt hat. Das darauf folgende Gespräch über den Unterschied, wie sein Kopf reagiert hätte und wie die Dinge sich aus der Sicht seines Herzens dargestellt haben, kann sehr produktiv sein.

Indem Sie Liebe, Anteilnahme und Mitgefühl aus Ihrem Herzen ausstrahlen, können Sie die Unterschiede, die zwischen Ihnen und Ihrem Partner oder Ihren Kindern bestehen, respektieren und trotzdem in Ihrer eigenen Mitte bleiben. Der Prozess, Ihre Absicht ins Herz zu lenken und Liebe und Anteilnahme auszustrahlen, ermöglicht es Ihrer Herzenskraft, in Ihrem Interesse zu arbeiten, und daraus ergeben sich häufig neue Einsichten für den Umgang mit bestimmten Themen. Oft kann schon ein wenig

Wertschätzung oder Anerkennung viel dazu beitragen, die Kohärenz in einer Familie zu verbessern. Die Persönlichkeit Ihres Partners und Ihrer Kinder ist anders als Ihre eigene. Sie sehen manches einfach anders. Die Sichtweise des einen ist nicht besser als die Sichtweise des anderen. Manchen Persönlichkeiten fällt es einfach schwerer, ihre Emotionen zu beherrschen. Mit Hilfe der Herzenskraft können sogar Menschen, für die dies eine große Herausforderung darstellt, neue Möglichkeiten für die Beherrschung ihrer Emotionen erkennen.

Authentische Kommunikation

Vor einigen Jahren machte in den USA folgende Presseüberschrift Furore: „Hausfrau sucht Anerkennung und legt ihre Arbeit nieder" (Associated Press 2002). Die betreffende Frau trat in einen Streik, weil sie die Nase voll hatte von der Verantwortung, die sie für ihre Arbeit, den Schulerfolg der Kinder und den Haushalt zu tragen hatte, während ihr Mann zum Angeln ging. Sie weigerte sich, die Wäsche zu waschen, zu kochen oder die Betten zu machen. Irgendwie bekam die Lokalzeitung davon Wind und bald wurde sie eingeladen, im lokalen Fernsehen aufzutreten. Sie bekam daraufhin Anrufe aus der ganzen Welt. Die Frau erinnerte die Reporter daran, dass es ihr nicht um Publicity ging; ihr Anliegen war vielmehr gewesen, von ihrem Mann mehr Anerkennung zu erhalten. Nach Auskunft der Frau war ihr Ehemann über den Streik und die Resonanz darauf erstaunt und vielleicht sogar ein wenig schockiert.

So amüsant das Ganze erscheinen mag – bei Tausenden von Frauen hat die Geschichte dieser Frau etwas anklingen lassen: Auch ihnen fehlt die Anerkennung, auch sie haben das Gefühl, als

Selbstverständlichkeit betrachtet zu werden, und es gelingt ihnen nicht, ihren Ehemännern dies zu vermitteln. Natürlich schlagen wir hier nicht vor, Sie sollten in einen Streik treten, um etwas mitzuteilen, aber für Ihre Gesundheit und Ihr Wohlbefinden ist es wichtig, dass Sie Möglichkeiten finden, Ihre Bedürfnisse authentisch mitzuteilen.

Untersuchungen haben gezeigt, dass Disharmonie in der Ehe beiden Partnern emotionalen Schmerz zufügt, dass aber Frauen in einem höheren Maße als Männer gefährdet sind, Herz-Kreislauf-Probleme zu bekommen. Einer Studie zufolge waren Frauen, die zugaben, ihren Ärger nicht regulieren zu können, nicht nur in ihrer Ehe unzufriedener, sondern sie waren auch nicht in der Lage, das physiologische „Bremspedal" – das parasympathische Nervensystem – zu benutzen, um ihren Herzschlag zu verlangsamen und zu besänftigen und sich auf diese Weise selbst zu beruhigen. „Diese Menschen besitzen nur ein Gaspedal", sagt Dr. Sybil Carrere, die Leiterin der Studie, und bezieht sich damit auf das sympathische Nervensystem, „aber kein Bremspedal" (Huggins 2002). Eine solche physiologische Reaktion könnte mit Herzkrankheiten und anderen gesundheitlichen Problemen in Zusammenhang stehen.

Durch den Einsatz der Herzwerkzeuge können Sie Ihr Bremspedal benutzen (das parasympathische Nervensystem) und Ihren Herzschlag verlangsamen. Sie können mit Hilfe dieser Werkzeuge auch lernen, authentisch zu kommunizieren. Authentische Kommunikation beginnt damit, dass Sie auf Ihr eigenes Herz hören. Kopfgesteuerte Reaktionen wie Bewertungen, Anschuldigungen, Groll und übertriebene Sorge führen zu einem Verkehrsstau auf dem Verbindungsweg zwischen Ihrem Herzen und den höheren Wahrnehmungszentren Ihres Gehirns. Sie versuchen zwar, auf die

Stimme Ihres Herzens zu hören, aber all das innere Rauschen wirkt wie ein mentaler Filter. Wenden Sie bei der Kommunikation jedoch die Freeze-Frame-Technik an, hilft sie Ihnen dabei, diese Störungen zu beseitigen, so dass Sie Ihr Herz hören und effektiv kommunizieren können.

Beginnen Sie mit einem Freeze-Frame-Arbeitsblatt, um Klarheit darüber zu gewinnen, was Ihnen die Intuition Ihres Herzens sagen möchte. Schreiben Sie das Beziehungs- oder Kommunikationsthema auf ein Blatt Papier. Notieren Sie als Nächstes, welche kopfgesteuerten Reaktionen Ihnen zu diesem Thema einfallen: Gedanken, emotionale Reaktionen, Ihr innerer Dialog über dieses Thema und was Sie bisher schon getan haben, um dieses Thema anzugehen. Dann führen Sie die einzelnen Schritte der Freeze-Frame-Technik durch. Seien Sie offen und verletzlich in Bezug auf die Gefühle Ihres Herzens und bitten Sie um eine neue Perspektive. Notieren Sie zum Schluss dieser Übung die Wahrnehmungen Ihres Herzens und alle intuitiven Lösungsideen.

Viele Beziehungen würden aufblühen, wenn sich die Mitglieder einer Familie sicher genug fühlen könnten, sich gegenseitig das mitzuteilen, was ihr Herz fühlt und wahrnimmt. Weil die Gefühle des Herzens empfindlich sind, ist es unabdingbar für eine Atmosphäre der Sicherheit, dass man sich gegenseitig von einem neutralen Ort im Herzen aus zuhört. Benutzen Sie die Neutralisierungstechnik und die Freeze-Frame-Technik, um so lange mit offenem Herzen zuhören zu können, bis Ihr Gegenüber ausgeredet hat oder im Gespräch eine natürliche Pause entsteht. Daraufhin können Sie so antworten, wie es den Gefühlen Ihres eigenen Herzens entspricht. Diesen Prozess nennen wir *Intuitives Zuhören.* Wenn Ihr Partner zustimmt, probieren Sie diese Übung des Intuitiven Zuhörens gemeinsam aus.

Damit Kommunikationsübungen gelingen, müssen sie mit dem Herzen durchgeführt werden und beide Partner müssen ihr Herz öffnen. Für Sie als Sprecher bedeutet das, auf Ihr eigenes Herz zu hören und das, was Sie fühlen, ehrlich mitzuteilen. Für den Zuhörer bedeutet es, dem Herzen des anderen zuzuhören, ohne zuzulassen, dass sein Kopf das herausfiltert, was er hören möchte oder dem Gegenüber irgendein Motiv überstülpt.

Intuitives Zuhören

1. Machen Sie 30 Sekunden lang ein Freeze-Frame, um sich über das klar zu werden, was Sie sagen möchten. Entscheiden Sie, wer beginnt. Es ist wichtig, dass Ihre Mitteilung nicht länger als eine Minute dauert.

2. Benutzen Sie die Freeze-Frame-Technik und bleiben Sie so lange neutral, bis Ihr Partner seine einminütige Mitteilung beendet hat. Das Gefühl der Wertschätzung für Ihren Partner hilft Ihnen, in Ihrem Herzen zu bleiben, und gibt Ihrem Partner eine größere Sicherheit.

3. Wiederholen Sie mit eigenen Worten das Wesentliche von dem, was Sie gehört haben.

4. Überprüfen Sie noch einmal, ob Sie wirklich verstanden haben, worum es geht, bevor Sie Ihre eigenen Kommentare und Ansichten hinzufügen. Fragen Sie Ihre/n Partner/in, ob er/sie sich gehört und verstanden fühlt. Falls dies nicht der Fall ist, wiederholen Sie die Schritte 2 und 3.

5. Tauschen Sie die Rollen.

Viele Kommunikationsseminare vermitteln eine Methode, die sich *Aktives Zuhören* nennt. Ein Teil dieser Methode besteht darin, dem Partner zurückzuspiegeln, was er gesagt hat, um zu überprüfen, ob man ihn richtig verstanden hat. Geschieht diese Rückmeldung nur vom Kopf aus und hält man sich dabei nur an den Wortlaut, wirkt es wie ein unaufrichtiges Nachplappern. Ein Großteil der Gefühle und dessen, was wesentlich war, ist verloren gegangen. Nehmen Sie jedoch das Herz zum Aktiven Zuhören hinzu, hören Sie das Wesentliche und erfassen, was der andere wirklich gemeint hat, *selbst wenn seine Worte eine andere Sprache gesprochen haben.* Aus dem Aktiven Zuhören ist das Intuitive Zuhören geworden und die andere Person fühlt sich gehört und verstanden.

Machen Sie sich das Intuitive Zuhören zu einer neuen Gewohnheit. Sie können es unabhängig von Ihrem Gegenüber einsetzen. Schon nach kurzer Übungszeit werden Sie merken, dass Sie automatisch zum Herzen umschalten und neutral zuhören können. Je mehr Kohärenz Sie in die Interaktionen Ihrer Beziehung hineinbringen, desto reichhaltiger werden sie.

Intuitives Zuhören im Umgang mit Kindern

Die Wertvorstellungen von Kindern werden dadurch geprägt, dass sie mitbekommen, wie in der Familie Gefühle und Ansichten ausgetauscht werden, und beobachten, wie Erwachsene mit Herausforderungen umgehen. Wenn Sie als Erwachsener unfähig sind, Ihre Emotionen oder Ihren Ärger zu beherrschen, lernen Ihre Kinder diese emotionalen Verhaltensweisen höchstwahrscheinlich von Ihnen. Wenn Sie jedoch zeigen, dass Sie sich darum bemühen, Ihre Emotionen in den Griff zu bekommen und sie aufzulösen, helfen Sie auch Ihren Kindern, mit ihren Emotionen besser fertig zu werden.

Intuitives Zuhören vermittelt Kindern eine größere Sicherheit, sich mitteilen zu können. Es hilft ihnen auch dabei, ehrlicher über ihre Gefühle wie Ärger, Angst oder Schuld zu sprechen und zu lernen, die Gefühle anderer zu respektieren und ihnen Mitgefühl entgegenzubringen. Andrew, 14 Jahre alt, sagt: „Ich habe dadurch viel über Selbstkontrolle, Emotionen und was sonst noch dazugehört gelernt. Es ist ein wunderbares Konzept, einfach anzuhalten und darüber nachzudenken, was man sagen wird – vom Herzen durchdacht anstatt vom Verstand – und es dann auch viel friedlicher zu sagen."

Wenn Sie als Familie zusammen sind, geben Sie jedem einmal reihum die Möglichkeit, sich im Intuitiven Zuhören zu üben, so dass jeder bei jedem sowohl Sprecher als auch Zuhörer sein kann. Das kann über mehrere Tage verteilt geschehen. Die anderen Familienmitglieder können Beobachter sein und mit Hilfe der Freeze-Frame-Technik den beiden, die gerade die Übung durchführen, Liebe und Wertschätzung senden. Vermitteln Sie Anteilnahme und Mitgefühl, wenn zwei sich schwer miteinander tun. Wenn alle fertig sind, erinnern Sie sich gegenseitig daran, auch bei zwanglosen Gesprächen einander intuitiv zuzuhören. Sollte jemand anfangen, das Gespräch zu unterbrechen oder über andere herzuziehen, bitten Sie um eine Auszeit und erinnern Sie alle Beteiligten daran, mit dem Herzen zuzuhören.

Sprechen Sie mit Ihrem Partner und Ihren Kindern darüber, was zur Kohärenz und Bindung in Ihrer Familie beiträgt und was eher davon abhält. Erstellen Sie gemeinsam ein Bilanzblatt über die Vermögenswerte und Defizite in Ihrer Familie. Benutzen Sie die Übung des Intuitiven Zuhörens für die Diskussion heikler Themen. Sprechen Sie über die Herzwerkzeuge und wie sie benutzt werden können. Diskutieren Sie darüber, durch welches Werkzeug jedes Mitglied dazu beitragen kann, die Vermögenswerte zu vermehren und die Defizite abzubauen. Sprechen Sie darüber, wie Sie selbst die Werkzeuge einsetzen und auf welche Art und Weise sie Ihnen helfen. Halten Sie in einem Familientagebuch die Fortschritte jedes einzelnen Familienmitglieds fest. Diese gemeinsamen Familienaktivitäten müssen nicht viel Zeit in Anspruch nehmen und können trotzdem unglaublich wirkungsvoll sein, wenn es darum geht, häuslichen Ärger umzuwandeln.

Raymundo, 16 Jahre alt, brachte die Herzwerkzeuge und das Intuitive Zuhören in seine Familie ein, nachdem er sie in der Schule gelernt hatte. Er sagt: „Ich habe gelernt, Verstand und Herz gemeinsam dazu zu benutzen, ein besserer Mensch zu werden und zu verstehen, worüber der andere spricht – mehr miteinander zu reden anstatt den Ärger für mich zu behalten. Das ist klasse!“

Kapitel 10

Die Wut verwandeln – am Arbeitsplatz

Die Menschen, die ein Zuhause oder einen Arbeitsplatz gestalten, sind für das emotionale Klima oder die Einstellungen dieses Umfeldes verantwortlich. Am Arbeitsplatz nennt man das Arbeitsklima. Angestellte, die einen Großteil ihrer Energien für negative emotionale Prozesse aufwenden, können weniger gut miteinander in Beziehung treten, verlieren schneller ihre Energie, lassen in der Produktivität nach und erleben weniger Freude an der Arbeit. Emotionale Inkohärenz beeinträchtigt das gesamte Unternehmen.

Bei der Durchführung von Fusionen, Übernahmen und beim Abbau von Stellen mangelt es häufig an der notwendigen Fürsorge – bei den Angestellten bleibt eine Mischung von Urteilen, Vorwürfen und Wut hängen. Während der Profit zwar vielleicht kurzfristig steigt, tauchen in den Bilanzen niemals die unterschwelligen Negativa auf, wie beispielsweise emotionale Erschöpfung, geringe Arbeitsmoral und Hintergehungen, die der Firma auf lange Sicht mehr Kosten verursachen als man sich eingestehen mag. Bei einer 1999 zum Thema Ärger am Arbeitsplatz durchgeführten Studie gab jeder vierte Angestellte zu, an seinem Arbeitsplatz „generell oder zumindest teilweise verärgert zu sein“ (Girardet). Zu den angegebenen Gründen zählten zunehmende Arbeitsbelastung, das Verhalten der Vorgesetzen oder Manager und ein Mangel an Anerkennung. In der Zwischenzeit hat sich der Stress, der durch diese Faktoren verursacht wird, sogar noch intensiviert. Fast monatlich werden neue Studien veröffentlicht, die auf diesen Umstand hinweisen. Eine dieser Studien zeigt auf, dass mehr als die Hälfte aller Angestellten in den USA den Stress am Arbeitsplatz als ein Hauptthema in ihrem Leben empfinden, während 42 Prozent der Befragten das Gefühl hatten, andere Kollegen in ihrer Firma bräuchten Hilfe, um mit ihrem Stress fertig zu werden (Daniels 2002).

Oft genug ist es ein Tabu, zuzugeben, dass man gestresst ist, ganz gleich, ob es sich um die Chefetage oder die Verkaufsebene dreht. Es wird einfach erwartet, dass Sie länger und härter arbeiten. „In einem Umfeld, in dem man annehmen könnte, die Menschen seien mit ihren Jobs zufrieden, gibt es eine Art unterschwelligen Ärger und Groll, der sich auf den Arbeitsplatz bezieht“, sagt Donald Gibson, ein Professor an der Yale-Universität (Girardet 1999). Ärger am Arbeitsplatz entsteht in der Regel aus dem Gefühl heraus, dass Sie selbst oder andere unfair behandelt werden und nichts dagegen unternehmen können.

Die mangelnde Fähigkeit, Emotionen zu beherrschen, und ein enormer Stress lassen die Zahl der Gewalttätigkeiten am Arbeitsplatz steigen. Die Wut wird an der Büroausstattung ausgelassen; sie tritt zutage beim Anschreien von Kollegen oder Kunden oder einfach als lauter Aufschrei über die eigene Arbeitsbelastung und sie spielt eine Rolle im Straßenverkehr. Trotzdem fand Gibson 1999 in seiner Untersuchung heraus, dass sich die Wut am Arbeitsplatz meist auf subtile Weise auswirkt. So zeigt sie sich unter anderem in einem feindseligen Arbeitsumfeld und in der Tendenz, nur das absolut Notwendige zu tun. Die Kosten, die den Arbeitgebern jährlich durch Arbeitsstress entstehen, wurden 1995 auf mehr als 200 Milliarden US-Dollar geschätzt, bedingt durch verloren gegangene Produktivität, Fehlzeiten und gestiegene Krankheitskosten, und diese Zahl hat sich inzwischen auf über 300 Milliarden US-Dollar erhöht.

Nach der Auffassung von James K. Clifton, dem Vorsitzenden und Geschäftsführer des Gallup-Instituts, das für seine nationalen Umfragen bekannt ist, stellen die Emotionen einen kritischen Faktor für den Geschäftserfolg dar. Clifton zitiert Statistiken, die belegen, dass Organisationen ihr anhaltendes Wachstum nicht durch Rechenschaftsberichte erreichen, sondern dadurch, dass sie sich die schwer berechenbare Kraft der menschlichen Emotionen zunutze machen. Clifton schreibt: „Der Erfolg Ihres Unternehmens hängt weder von Ihrer ökonomischen Befähigung noch von der Unternehmensentwicklung oder dem Marketing ab. Er ist ganz einfach abhängig davon, wie viel Sie von Psychologie verstehen: davon, welchen Kontakt jeder einzelne Ihrer Angestellten zum Kunden herstellt und wie verbunden er sich mit Ihrer Firma fühlt."

Stress und Ärger am Arbeitsplatz schwappen auf die Familie und die Gesellschaft über. In einer Umfrage unter berufstätigen Müttern in Amerika sagten 70 Prozent der Befragten aus, dass sie den Stress, den sie am Arbeitsplatz erleben, an ihrem Ehepartner auslassen und dass die Belastung in der Beziehung zu ihren Partnern oder den Kindern der größte nicht in Geld umrechenbare Preis ist, den sie für den Stress bei der Arbeit bezahlen (Rosch 1997). Stella, eine Buchhalterin und Mutter zweier Kinder, erzählte uns in einem Seminar zur Herzintelligenz Folgendes:

Seit dem Stellenabbau stehe ich bei der Arbeit ständig unter Zeitdruck und muss mir auch noch Arbeit mit nach Hause nehmen. Ich habe Schuldgefühle, weil ich meinen Kindern nicht bei den Hausaufgaben helfen kann und kaum genug Zeit für den Haushalt habe. Ich bin gereizt und wütend, weil ich keinen Ausweg sehe.

Alarmierende 80 Prozent der Autofahrer in den USA geben zu, dass sie am Steuer die meiste Zeit oder sogar ununterbrochen ärgerlich sind (Ferguson 1998). Als häufigste Begründung dafür wurde Zeitmangel angegeben oder einfach die Tatsache, dass sie zu spät dran sind. Nach Angaben des U.S.-Verkehrsministeriums war bei einem Drittel der Verkehrsunfälle mit Verletzungen und bei zwei Drittel der Verkehrsunfälle mit tödlichem Ausgang Wut mit im Spiel.

Das hohe Stresslevel bei der Arbeit ist auch ein Faktor für die gegenwärtige Epidemie der Fettleibigkeit in den USA. Angespannte Nerven haben ein verstärktes Bedürfnis nach Kohlehydraten und Fett. Und wenn der Druck chronisch ist, strengt sich der Körper noch mehr an, seine Pfunde zu behalten. Der Anblick des eigenen dicken Körpers und das Gefühl, „fett" zu sein, verstärkt den auf sich selbst gerichteten Ärger nur noch. Unterdrückter Ärger am Arbeitsplatz kann sich negativ auf die Gesundheit auswirken, zum Beispiel in Form von Ängsten, Depressionen, Bluthochdruck und Herzkrankheiten. Eine im Jahre 2002 veröffentlichte Studie fand heraus, dass für „gesunde Menschen mit stressigen Jobs, die einen langen Arbeitstag haben, jedoch wenig Befriedigung in ihrer Arbeit finden, das Risiko, an einer Herzerkrankung zu sterben, doppelt so hoch ist wie bei den zufriedenen Angestellten . . . und das gilt auch, nachdem die Auswirkungen konventioneller kardiovaskulärer Risikofaktoren herausgerechnet wurden" (Reaney). Frauen verleihen ihrem Ärger viel seltener Ausdruck als Männer, aber auch bei ihnen wirkt sich der Ärger direkt aufs Herz aus. In einer Langzeitstudie zeigten sich bei Frauen mittleren Alters, die ihren Ärger herunterschluckten und sich häufig darum sorgten, einen guten Eindruck zu machen, körperliche Anzeichen, die auf ein erhöhtes Herzinfarktrisiko vor dem sechzigsten Lebensjahr hinweisen (Matthews et al. 1998). Andere Studien zeigen, dass eine akute Ärgerepisode während einer emotionalen Auseinandersetzung für Frauen und Männer, die bereits einen Herzinfarkt hatten, das Risiko für einen erneuten Herzinfarkt innerhalb der darauf folgenden zwei Stunden mehr als verdoppelt (Mittleman et al. 1995). Und für Menschen, die an einer Erkrankung der Herzkranzgefäße leiden, wirkt sich bereits die Erinnerung an ein ärgerliches Gefühl stärker auf die Einschränkung des Blutflusses aus als andere mentale Stressfaktoren oder sogar körperliches Training (Ironson et al. 1992).

Am Arbeitsplatz ein Klima emotionaler Offenheit schaffen

Denken Sie einmal an all die Menschen, die an ihrem Arbeitsplatz unter einem Dach miteinander zu tun haben. Da sind so viele komplexe persönliche und zwischenmenschliche Aspekte im Spiel. Wenn Sie dann noch den Druck hinzufügen, den die heutigen Herausforderungen in der Arbeitswelt erzeugen, ist es kein Wunder, dass der Arbeitsplatz einem Dampfkessel gleicht. Das Einzige, was ein stressgeladenes Klima in einem Unternehmen verbessern kann, ist mehr Anteilnahme und mehr Herz. Ohne Herz gibt es keine Kohärenz im Unternehmen. Vielen Menschen leuchtet es nicht ein, dass das Einbeziehen des Herzens das Betriebsklima verbessern kann. Manche denken immer noch, dass nur ein scharfsinniger Kopf den Umsatz steigern kann. Das Herz gilt nach wie vor als suspekt – weich und schwammig, viel zu emotional eben. Und viele Vorgesetzte wissen selbst nicht, wie sie mit ihren eigenen Emotionen umgehen sollen, geschweige denn, dass sie andere darin führen könnten. Deshalb werden die Emotionen unter den Teppich gekehrt und Produktivität geht verloren, weil man sich nicht um das emotionale Klima kümmert.

Einige Firmen jedoch beginnen zu erkennen, dass man für Erfolg gleichermaßen einen klugen Kopf wie ein starkes Herz braucht. Sie verstehen, dass eine Verbindung zwischen Emotionen und Leistung besteht. Sie wissen, dass der Spruch: „Lass deine Emotionen draußen vor der Tür, wenn du zur Arbeit gehst" überholt ist. Um die Leistungen und den Dienst am Kunden zu verbessern, versuchen sie, die Herzqualitäten der Wertschätzung und Anteilnahme zu unterstützen. Sie bemühen sich um das, was wir ein Klima emotionaler Offenheit im Betrieb nennen – ein praktischer, messbarer und nachmachbarer Ansatz zur Lösung von emotionalem Stress am Arbeitsplatz.

Weltfirmen wie Sony, Shell, Cisco, Boeing, Unilever und BP bieten ihren Managern und Angestellten inzwischen das Training zur Herzintelligenz an. Die Ergebnisse sind eindrucksvoll: Die Angestellten erlernen Fähigkeiten zur Handhabung ihrer Emotionen und das Betriebsklima, die Arbeitszufriedenheit, die Produktivität und der Gesundheitszustand der Mitarbeiter verbessern sich. Nach einem Herzintelligenz-Workshop: „Die Kraft zur Umwandlung für bessere Leistung nutzen" waren die Angestellten von der Managerebene bis zum einfachen Arbeiter in der Lage, ihren Ärger, ihre Depressionen und ihre Ängste signifikant zu verringern; sie litten weniger unter Stresssymptomen wie Müdigkeit, körperlichen Schmerzen und Magenproblemen und diese Verbesserungen hielten noch lange nach Beendigung des Trainings an (Barrios-Choplin, McCraty und Atkinson 1999). In einem führenden Unternehmen für Informationstechnologie haben Vor- und Nachuntersuchungen gezeigt, dass der Prozentsatz der Angesellten, die häufig verärgert waren, innerhalb von drei Monaten von 42 Prozent auf neun Prozent gefallen war. Zusammengefasst zeigten Umfragen unter nahezu 1400 Angestellten in sechs weltweit agierenden Firmen nach sechs Monaten folgende Ergebnisse:

60 Prozent gaben eine Reduzierung der Angst an, 45 Prozent eine Reduzierung der Erschöpfung, 41 Prozent eine reduzierte Kündigungsabsicht, 24 Prozent eine Verbesserung der Konzentrationsfähigkeit, 25 Prozent eine Verbesserung der Fähigkeit zuzuhören und 17 Prozent ein Reduzierung von Konflikten zwischen der Arbeit und dem Privatleben. Die Angestellten benutzten die Werkzeuge und Techniken der Herzintelligenz am Arbeitsplatz, zu Hause und auf der Straße – einfach überall. Ein leitender Angestellter sagte: „Hier geht es nicht einfach um die Selbstbeherrschung, sondern vielmehr um die Umwandlung von Stress."

Der finanzielle Gewinn für die Firmen war ebenso signifikant. Das Delnor-Krankenhaus nahe Chicago setzte das Training zur Herzintelligenz und die Freeze-Frame-Software (s. Kapitel 11) in der Hoffnung ein, die Fluktuation der Mitarbeiter zu reduzieren, und prüfte dann die finanziellen Auswirkungen nach. Die Fluktuation der Angestellten verringerte sich bei einer Gesamtzahl von 1000 Mitarbeitern innerhalb eines Jahres von 28 Prozent auf 20,9 Prozent, bei den vierhundert Angestellten jedoch, die das Training zur Herzintelligenz durchlaufen hatten, sank diese Zahl auf nur noch 5,7 Prozent. Das bedeutete für die Klinik eine jährliche Ersparnis von 800 000 US-Dollar. Die durchschnittliche Aufenthaltsdauer älterer und behinderter Patienten, die über das Medicare-System versichert sind,[1] verringerte sich um neun Prozent, ein Ergebnis, das die Geschäftsleitung auf den verringerten Stress und die verbesserte Leistung und Fürsorge der Mitarbeiter für die Patienten zurückführt. Hieraus erwuchs eine weitere jährliche Ersparnis von 1,4 Millionen US-Dollar. Das Delnor-Krankenhaus

[1] Medicare ist die öffentliche Krankenversicherung der USA für ältere und/oder behinderte Mitbürger. Medicare wurde am 30. Juli 1965 durch Zusätze zur Social Security Gesetzgebung eingeführt. Jeder Bürger ab dem Alter von 65 Jahren bzw. jeder als „behindert" anerkannte Bürger kann Medicare in Anspruch nehmen.

bekam den renommierten „Corporate Health and Productivity Management"-Preis für das Aufzeigen der Beziehung zwischen Gesundheit und Produktivität durch die Einführung bestimmter Interventionen und den messbaren Nachweis ihrer Wirkung.

Ein Klima erhöhter Organisationskohärenz ist greifbar. Man kann es spüren. Die Menschen bewegen sich mit Sorgfalt und Warmherzigkeit in einem ausgeglichenen und fröhlichen Rhythmus. Sie besitzen die Klarheit zu erkennen, was getan werden muss, und die Flexibilität, Herausforderungen anzunehmen und auf Notfälle zu reagieren, was in einem Krankenhaus zu den elementaren Anforderungen gehört. Während die Leitung des Unternehmens, in dem Sie arbeiten, die Bedeutung der Emotionen vielleicht immer noch ignoriert, können Sie selbst sich das nicht mehr leisten und Sie müssen es auch nicht. Wenn es Ihnen so geht wie den meisten Menschen, verbringen Sie den größten Teil des Tages bei der Arbeit. Die Gefühle und Einstellungen, die Sie dort haben, sind ernst zu nehmen. Zum Schutz Ihres Herzens und Ihrer Gesundheit sollten Sie Ihren Ärger am Arbeitsplatz umwandeln. Ihre erhöhte Kohärenz wird dazu führen, dass sich auch Ihr Arbeitsumfeld zu verändern beginnt. Mit Hilfe der Werkzeuge und Techniken, die Sie in diesem Buch gelernt haben, können Sie damit beginnen, am Arbeitsplatz mehr Herz zu zeigen. Sie müssen nicht gleich perfekt darin sein. Selbst ein klein wenig Herz kann viel bewirken.

Legen Sie ein Bilanzblatt (aus Kapitel 7) für Ihren Arbeitsplatz an. Betrachten Sie dies als eine Übung zur Selbstachtung. Notieren Sie sich die Werkzeuge, mit denen Sie Ihre Vermögenswerte steigern und die Defizite reduzieren können, und benutzen Sie diese dann auch. An welchen Stellen könnten Sie mehr in die Neutralität gehen und auf diese Weise Ihren Energieverlust begrenzen? An welchen Stellen könnten Sie etwas mehr Wertschätzung ausdrücken? Wie könnten Sie damit aufhören, zu einem Umfeld der Inkohärenz beizutragen? Wenn Sie sich Ihren Antworten entsprechend verhalten, zollen Sie sich selbst und anderen eine tiefere Achtung. Hören Sie auf die Intuition Ihres Herzens, auch wenn sich dadurch um Sie herum zunächst nichts zu ändern scheint. Wenn Sie dies tun, wird es dazu beitragen, dass Sie neue Möglichkeiten sehen können und zuversichtlicher werden, bestimmte Aspekte der Arbeit, die Sie tun müssen, verändern zu können oder mit dem, was unabänderlich ist, Frieden zu schließen. Sie müssen nicht resigniert in einem negativen Arbeitsumfeld ausharren. Andere Menschen haben durch die Anwendung der Werkzeuge einen neuen Arbeitsrhythmus gefunden; das ist auch bei Ihnen möglich.

Trotz äußerem Druck den eigenen Rhythmus finden

Benutzen Sie die Neutralisierungstechnik, wenn Sie Anspannung und Druck empfinden. Werden Sie neutral, um Verurteilungen und Anschuldigungen loszulassen, und atmen Sie dann die inneren Haltungen des Mitgefühls und der Anteilnahme für sich selbst ein. Das wird Ihnen helfen, den Termindruck anders wahrzunehmen und anders darauf zu reagieren. Jodi beschreibt, wie das bei ihr funktioniert:

In den vergangenen Monaten hat meine ohnehin schon hohe Arbeitsbelastung weiter zugenommen. Zusätzlich zu meinen regulären Aufgaben sind unerwartete und unvorhergesehene Dinge auf meinem Schreibtisch gelandet, die alle eine sofortige Bearbeitung erfordern. Wenn ich sie vom Kopf her in Angriff nehme, sehe ich keine Möglichkeit, alles rechtzeitig zu erledigen. Mein Verstand sieht schon voraus, dass ich bis Mitternacht arbeiten müsste, wenn nicht irgendetwas auf der Strecke bleiben soll. Daraufhin fange ich an, diejenigen, die mir in die Quere kommen, zu verurteilen und wirklich wütend zu werden. Ich habe herausgefunden, dass ich durch die Neutralisierungstechnik wieder Raum zum Atmen bekomme. Mein Gehirn schaltet um. Ich betrachte die Dinge aus einem anderen Blickwinkel und meine Perspektive auf die Zeit verändert sich. Alles wird erledigt und häufig habe ich sogar noch Zeit übrig. Ich habe herausgefunden, dass ich mich an die Neutralität im Herzen halten muss, denn wenn ich wieder in den Kopf zurückgehe, fange ich erneut damit an, das Allerschlimmste zu befürchten.

Sie werden auf ganz neue Art effektiver mit Ihrer Zeit umgehen können, wenn Sie Ihr Herz und Ihren Verstand mehr in Einklang bringen. Ihre Herzintelligenz wird Ihnen zeigen, was wichtig ist und was nicht. Die wirklich vorrangigen Dinge werden sie daraufhin erledigt bekommen. *Wenn Sie das Gefühl bekommen, alles sei zu viel, versuchen Sie einfach, eine Haltung wertfreier Neutralität einzunehmen und das Einatmen innerer Haltungen anzuwenden, um wieder mit sich selbst in Einklang zu kommen.* In jenen Zeiten, in denen es wirklich unmöglich ist, alles zu erledigen, wird Ihnen der Weg in die Neutralität zeigen, wie sie mit dieser Situation umgehen können – entweder dadurch, dass Sie mit Ihrem Vorgesetzten darüber reden, oder indem Sie flexibel sind und Überstunden machen, ohne dass Sie Ihre Energie durch Frustration oder Ärger verlieren.

Donna berichtet:

Ich weiß nicht, wie häufig ich mich schon allein dadurch vor einer Explosion bewahrt habe, dass ich dafür gesorgt habe, im Herzen neutral zu werden und Mitgefühl für mich selbst durch mein Herz und meinen Solarplexus zu atmen. Das ist etwas sehr Einfaches, aber es verändert meine Wahrnehmung und gibt mir das Gefühl, Kontrolle zu haben und bessere Entscheidungen treffen zu können. Mein Chef hat echten Respekt für die Veränderungen, die er an mir wahrgenommen hat.

Der persönliche Rhythmus in schwierigen Situationen

Ein Großteil des Ärgers am Arbeitsplatz entsteht durch ungelöste Kommunikationsprobleme. Unendlich viel Energie und Zeit wird dadurch verschwendet, dass Sie sich schrecklich aufregen oder endlos lange darüber nachdenken oder sprechen, wer was gesagt hat oder wie unfair eine Anordnung ist, die von oben gegeben wurde. Führungskräfte, die ihre Emotionen nicht im Griff haben, hinterlassen Inkohärenz, wenn sie Entscheidungen umstoßen, barsche Befehle geben oder in der Kommunikation versagen. Die emotionale Negativität erstreckt sich wie eine Dunstglocke über den gesamten Arbeitsplatz.

Hinter einem akuten Gefühl des Ärgers verbergen sich immer eine Reihe aufgestauter Bewertungen, Anschuldigungen und Projektionen, die Angst und Spannungen erzeugen. Vielleicht ertappen Sie sich dabei, das Problem zu verallgemeinern und darüber zu räsonieren, wer dafür verantwortlich ist. Ein kleines Wort, wie z. B. *ihnen, sie, ihm, ihr* oder *das* sagt bereits alles. „Sie" – in der Regel ist damit das Firmenmanagement gemeint – tun mir etwas an. „Ihm" oder „ihr" ist es egal, wie schwer ich arbeite. „Sie/Die da oben" behandeln uns unfair.

Als Pat in einer Leistungsbeurteilung eine Angestellte kritisierte, hagelten verallgemeinernde Beschuldigungen auf sie nieder. „Sie" haben sich alle geirrt, „das" war unfair, die Kollegen waren dumm und sind immer in die Quere gekommen. Pat ließ sich von der betreffenden Angestellten jede einzelne Anschuldigung erklären und sie alle liefen auf zwei Situationen hinaus, in denen es an einer klaren Kommunikation gemangelt hatte. Obwohl es häufig genug stimmt, dass in Unternehmen eine Atmosphäre der Indifferenz herrscht, und es auch gleichgültige Vorgesetzte und Kollegen gibt, liegt die emotionale Verantwortung für Ihren ungelösten Ärger ausschließlich bei Ihnen. Sie selbst sind der-/diejenige, der/die sich am häufigsten zum Opfer macht. „Sie“ oder „die anderen“ zu beschuldigen, lenkt nur von Ihrer eigenen Verantwortung für Ihre Energiereserven und Ihre Gesundheit ab. Ungelöster Ärger vermittelt das Gefühl, dieser Ärger sei berechtigt und lässt Sie vergessen, dass immer noch Sie derjenige sind, der zuerst dafür sorgen muss, sich innerlich besser zu fühlen.

Manche Firmen bieten Trainings zur Kommunikationsfähigkeit an, aber die dort gelernten Fertigkeiten sind häufig nicht ausreichend. Effektive Kommunikation erfordert zuallererst, seine eigenen emotionalen Reaktionen im Griff zu haben. Sie können sich nicht einfach vornehmen: „Ich muss nur bestimmter auftreten“, und mit dieser Einstellung ins Büro Ihres Vorgesetzten wandern, um dort Ihre Forderungen zu stellen und dann zu erwarten, dass diese Forderungen erfüllt werden. *Versuchen Sie stattdessen, die Fakten aufzulisten, eine faire Anfrage zu formulieren und die Konsequenzen aufzuschreiben, mit denen Sie leben können. Nehmen Sie ein Freeze-Frame-Arbeitsblatt zu Hilfe, um festzulegen, was aus Sicht Ihres Herzens „fair“ wäre. Entscheiden Sie erst dann, ob Sie Ihre Meinung immer noch äußern wollen. Der nächste Schritt besteht dann darin, Ihren eigenen Rhythmus zu finden. Benutzen Sie erneut die Freeze-Frame-Technik, um intuitiv aus dem Herzen wahrzunehmen, wie Sie das Gespräch am besten führen. Wenden Sie das Intuitive Zuhören aus Kapitel 9 an, wenn Sie Ihre Befürchtung oder Ihren Wunsch vortragen. Niemand braucht zu wissen, dass Sie das tun. Auf diese Weise können Sie sich intuitiv auf das Wesentliche und die subtilen Nuancen dessen einstimmen, was von der anderen Person gesagt wird, und brauchen nicht auf seine oder ihre Worte oder Emotionen zu reagieren. Benutzen Sie für eine authentische Kommunikation die Freeze-Frame-Technik – um mit dem Herzen zuzuhören und die Wahrheit Ihres Herzens mitzuteilen.*

- *Benutzen Sie Freeze-Frame, um Klarheit darüber zu gewinnen, was Sie sagen wollen.*

- *Benutzen Sie Freeze-Frame und bleiben Sie beim Zuhören neutral.*

- *Benutzen Sie Freeze-Frame, um den Kreislauf der Gedanken und Worte in Ihrem Kopf zu unterbrechen.*

- *Benutzen Sie Freeze-Frame und gehen Sie auf den anderen zu, indem das, was Sie sagen, Anteilnahme, Wertschätzung und Mitgefühl ausdrückt.*

Selbstbehauptung ohne Anteilnahme blockiert eine intuitive Verbindung zur anderen Person. Manche Menschen sind von Natur aus mitfühlend; diese Menschen lernen leichter, aus ihrem Herzen heraus zu sprechen. Diejenigen wiederum, deren Verstand oder Intellekt stärker ausgeprägt ist, behaupten sich leichter mit ihrem Verstand. Sie stehen zu ihrer Meinung, vertreten dabei aber häufig eine unvernünftige Position ohne ausreichendes Entgegenkommen. Möglicherweise erreichen sie dadurch zwar, was sie wollen, aber auf Kosten eines sinnvollen Dialogs. Eine Kommunikation, die nur vom Verstand ohne ausreichende Beteiligung des Herzens ausgeht, wirkt unecht. Zu oft werden Menschen in einem Selbstbehauptungstraining dazu ermutigt, mit dem Erstbesten herauszuplatzen, was ihnen in den Sinn kommt, auch wenn es sich um Ärger und Beschuldigungen handeln sollte. Auf andere wirkt das nur befremdlich und verhindert eine Kommunikation.

Wenn Sie das Herz hinzunehmen, wird die Selbstbehauptung leichter und effektiver. Diese neue Art des Selbstbehauptungstrainings verlangt zunächst eine innere Arbeit. Sie gestehen sich zunächst einmal die Verletzlichkeit des eigenen Herzens zu und hören auf Ihr Herz, um herauszufinden, was wirklich gesagt werden sollte. Dann sprechen Sie ohne zu große Sorge mit Bedacht aus Ihrem Herzen. Sie können Ihre Meinung vertreten, ohne für andere bedrohlich zu wirken, und auch dann in Ihrer Mitte bleiben, wenn Ihr Gegenüber reagiert. Genau darum geht es bei der Haltung emotionaler Offenheit im Betrieb. Benutzen Sie die Neutralisierungstechnik und zeigen Sie ehrliche Anteilnahme, ganz gleich, worum es geht. Sie stärken Ihre Herzenskraft und Ihre Empfindsamkeit und können dadurch auf einer tieferen Ebene mit anderen in Verbindung treten.

Sie brauchen die Kraft Ihres Herzens, um in einem schwierigen Gespräch in Ihrer Mitte bleiben zu können. Die Herzenskraft wird Ihnen zeigen, wie Sie sich für Ihre Bedürfnisse einsetzen. Wenn Sie die Verletzlichkeit des Herzens zeigen, gibt dies niemandem anderen die Erlaubnis, auf Ihnen herumzutrampeln. Ihre Herzenskraft wird Ihnen angemessene Reaktionsmöglichkeiten zeigen, ohne Ärger oder Schuldzuweisungen. Die Herzenskraft erzeugt eine Haltung emotionaler Offenheit voll Anteilnahme und Klarheit. Michael Maccoby, der an der Harvard-Universität eine Studie über den Zusammenhang von Technologie, Arbeit und Persönlichkeitseigenschaften geleitet hat, schreibt, dass „das Herz ein Symbol für Wissen, Absicht und Mut ist. Es ist ein Muskel und als solcher muss es genauso trainiert werden wie jeder andere Muskel auch, wenn daraus ein starkes Herz werden soll ... Wenn man es entwickeln will, muss man sich ihm ebenso widmen, wie man sich der Entwicklung des Verstandes widmet" (Maccoby 1976).

Wenn Sie lernen, sich aus der Tiefe Ihres Herzens heraus zu verständigen, werden Sie Ihren Geist und Ihre Emotionen beobachten können, anstatt einfach nur zu reagieren. Sie können zusehen, wie Ihre mentalen und emotionalen wunden Punkte getroffen werden, und können sich entscheiden, neutral zu werden anstatt Ihre Verletzung auszuagieren. „Aus tiefstem Herzen handeln" meint einfach eine tiefere, authentischere Absicht, die zu mehr Kohärenz und mehr Kraft führt. Sie werden in der Lage sein, das zu geben, was Sie von anderen auch erhalten möchten – echte Anteilnahme, Vorurteilsfreiheit, Wertschätzung und Mitgefühl – und Sie werden dementsprechend auch mehr in dieser Art von anderen zurückbekommen.

Wer gelernt hat, sich aus dem Herzen heraus stichhaltig zu behaupten, muss deshalb nicht unbedingt häufiger seine Meinung äußern. Sollten Sie zu den Menschen gehören, die sich eher vor einen Lastwagen stellen würden als über das zu reden, was sie stört, können Sie einfach mit größerem Nachdruck Liebe und Anteilnahme aussenden. Eine *Haltung* ehrlicher Anteilnahme können Sie trotz innerlichen Widerstandes einnehmen, selbst wenn Sie keine Anteilnahme spüren. Hören Sie auf Ihr Herz und Sie werden intuitiv wissen, auf welchem angemessenen Weg Sie mit anderen in Verbindung treten können. Vielleicht ist es ein Brief, eine Einladung zum Mittagessen, um sich besser kennen zu lernen, oder irgendetwas anderes, was sich intuitiv richtig anfühlt.

Kommunizieren heißt, die Verbindung mit einem anderen Menschen so aufzunehmen, dass er Ihre Anteilnahme und Ihre echte Absicht spürt. Die Intuition kann Sie dabei leiten, authentisch zu sein, so dass die Wahrscheinlichkeit größer wird, dass Ihre Mitteilung eine Verbindung zum Herzen des anderen herstellt, wenn er oder sie dafür offen ist. Natürlich können Sie niemanden dazu zwingen, Sie zu verstehen. Aber es kann Ihnen einen Versuch wert sein und Sie können auch dann fest in Ihrem Herzen bleiben, wenn Sie nicht verstanden werden. Sie können lernen, sich mitzuteilen – etwas auszusprechen –, jedoch vom Herzen aus. Sie brauchen nicht länger das Gefühl zu haben, sich mit einer negativen Situation einfach nur abfinden zu müssen, weil Sie die Fähigkeit besitzen, auf die Intuition Ihres Herzens zu hören und sich dementsprechend zu verhalten. Das alleine ist bereits eine Erleichterung.

Zum Einüben dieser neuen Art von Entschlossenheit des Herzens empfiehlt es sich, ein Freeze-Frame-Arbeitsblatt auszufüllen (siehe Kapitel 6) zu einem arbeitsbezogenen Thema, das in jüngster Vergangenheit Ihren Ärger provoziert hat und Ihnen auch jetzt noch Stress bereitet. Handeln Sie anschließend mit Bedacht und Mut so, wie es Ihnen die intuitive Perspektive nahe legt, die Sie erhalten haben.

Emotionale Geschichten werden immer am Arbeitsplatz ausagiert und das wiederum löst immer wieder Ärger und die zugrunde liegenden Emotionen aus – das gehört einfach zum Leben. Sie können jedoch mit Hilfe innerer Techniken Ihre negativen Gefühle umwandeln, so dass Sie nicht ständig auf alles „anspringen" und dadurch ausgelaugt werden. Eine solche Umwandlung geschieht schrittweise. Sie beginnt damit, dass Sie Ihre Reaktionen durch die Haltung emotionaler Offenheit im Betrieb in den Griff bekommen. Der Prozess setzt sich dann in jeder neuer Situation fort, in der Sie Arbeitsbelastungen und Kommunikationsprobleme auf neue Art und Weise bewältigen.

Rogers Geschichte

Roger ist ein leitender Angestellter, der dreißig Jahre lang damit gekämpft hat, seinen Ärger in den Griff zu bekommen. Zu Rogers Ärger-Profil gehörten das „Anspringen“ auf Auslöser, die an den Haaren herbeigezogen waren, sowie aggressive oder kampflustige Reaktionen. Gleichzeitig war Roger jedoch auch für seine Geduld, seine Freundlichkeit und seine Anteilnahme bekannt. Man wusste einfach nur nicht, welchen Roger man gerade zu Gesicht bekommen würde. Obwohl ihn seine Vorgesetzen im Verlauf der Jahre immer wieder gewarnt hatten, er solle seinen Ärger besser kontrollieren, hatte Roger das Gefühl, die anderen würden sich eine Veränderung seines Verhaltens nur wünschen, um das Beste aus ihm herauszuholen. Nach einigen Beratungsgesprächen willigte er ein, dass in den Berichten über ihn seine Tendenz zum Aufbrausen erwähnt werden durfte. Er wollte lernen, nicht mehr wie üblich in eine Abwehrhaltung zu gehen oder sich zu verteidigen. Das war für ihn ein Kampf, weil Roger oft nicht zugeben konnte, dass er aus dem Ärger heraus gehandelt hatte und dann in einer Verteidigungshaltung verharrte. Das wiederum ermunterte seine Teamkollegen nicht gerade, ihn auf seine emotionale Reaktionsbereitschaft hinzuweisen.

Rogers Veränderung setzte ein, nachdem er die Herzwerkzeuge kennen gelernt hatte.

Ich habe mich durch die Anwendung der Werkzeuge selbst dazu gebracht, den in mir ablaufenden Prozess zu verlangsamen. Wenn ich mich angegriffen fühle, wird in mir etwas ausgelöst und ich denke höchst abfällig über den Angreifer. Diese Gedanken kann ich jetzt abfangen, sobald sie auftreten. Bevor ein zweiter Gedanke auftaucht, erinnere ich mich an Freeze-Frame und bringe mich wieder ins Gleichgewicht, ehe ich reagiere. Ich kann die Veränderung, die dadurch im Gehirn ausgelöst wird, spüren, weil ich kurze Zeit später intuitiv verstehe, warum sich die Person auf diese Art und Weise verhält. Ich kann erkennen, dass dieser Mensch verärgert ist, aber dass ich nicht persönlich angegriffen werde. Deshalb kann ich mitfühlend reagieren.

Roger schrieb uns, das Wissen darum, dass er seine starken emotionalen Reaktionen im Griff hat, sei seine größte Belohnung, und der Blick desjenigen, der überhaupt nicht mit einer freundlichen Antwort von ihm gerechnet hat, sei noch eine Zugabe. Roger berichtet, dass er immer noch wachsam bleiben muss, vor allem, wenn er sich falsch beurteilt oder unfair behandelt fühlt. „Ich benutze das Werkzeug zur Neutralisierung sehr häufig, um die Situation aus einer anderen Perspektive zu betrachten und die Verletzung oder ärgerliche Reaktion loszulassen, bevor sie meine nächste Handlung bestimmt. Ich muss auch sorgfältig darauf achten, keine Erwartungen aufzustellen, wie sich andere mir gegenüber verhalten sollten, vor allem in Situationen, in denen ich das Gefühl habe, lange für sie da gewesen zu sein, denn ich kann scheußlich explodieren."

Rogers Erfahrung nach wirkt sich die Anwendung der Herzwerkzeuge am Arbeitsplatz auch auf andere Bereiche seines Lebens aus. „Ich war der typische wütende Rowdy im Straßenverkehr", gibt er zu.

Letzte Woche gab es eine Situation, die vor nicht allzu langer Zeit noch einen völlig anderen Ausgang genommen hätte. Auf dem Weg zur Arbeit fuhr ich eine enge Straße hinauf, die ich normalerweise nicht benutze, und blieb hinter einem alten VW-Käfer hängen, der mit höchstens 25 km/h vor mir her schlich. Anfangs dachte ich noch ganz abgeklärt, dass diese alten Käfer einfach nicht schneller fahren können. Als die Straße ein wenig breiter wurde, versuchte ich diesen Kerl zu überholen, aber er beschleunigte und wollte mich nicht vorbeilassen. Ich bekam einen Rappel und hängte mich die letzten fünf verbliebenen Blocks bis zur Arbeit sehr dicht an sein Heck. Als ich in den Parkplatz hineinfuhr, zog er mit mir gleichauf, stellte sich neben mich und schrie: „Wissen Sie denn nicht, dass auf dieser Straße eine Geschwindigkeitsbeschränkung von 25 km/h gilt?" Ich war betroffen, machte kurz ein Freeze-Frame und fragte: „Gilt das für die gesamte Länge der Straße?" Er wurde etwas sanfter und antwortete: „Nein, zum Teil sind 40 km/h erlaubt." Dann wurde er schnell wieder wütend und brüllte: „Hast du ein Problem damit? Willst du aus dem Auto rauskommen und dich mit mir anlegen?" Die automatische Reaktion, die ausgelöst wurde, war „Ja, warum nicht, auf geht's", aber dann dachte ich daran, dass wir uns unmittelbar vor den Fenstern meiner Kollegen befanden, und deshalb benutzte ich die Freeze-Frame-Technik, um mein Herz zu befragen, was ich jetzt sagen könnte, ohne das Problem zu verschärfen. Ich sagte zu ihm: „Ich möchte wirklich nicht wütend werden und auch nichts tun, was Sie noch mehr verärgert. In der heutigen Welt ist die Atmosphäre, in der wir alle leben, schon negativ genug und ich möchte nicht auch noch dazu beitragen." Während ich sprach, fühlte ich einen gewissen Frieden und fügte hinzu: „Wissen Sie, ich möchte mich dafür entschuldigen, dass ich Ihnen, als wir die Straße hinauffuhren, möglicherweise etwas angetan habe, was Sie gestört hat." Sein ganzer Körper wurde weicher und entspannte sich und er fuhr davon.

Kapitel 11

Auf das Herz kommt es an

In diesem Buch geht es darum, Ihre Kraft umzudirigieren. Sie setzen Ihre Herzenskraft ein, um Ihre emotionalen Gewohnheiten umzuwandeln. Ihr Herz kann auf eine andere Kraftquelle zurückgreifen, wenn es Veränderungen herbeiführt – auf Ihren wahren Geist. Viele Kulturen, Religionen und spirituellen Traditionen im Verlauf der menschlichen Geschichte kannten das Herz als Tor zum höheren Selbst – einer Quelle der Liebe, Weisheit und Kraft.

Liebe und alles, was dazugehört, wie beispielsweise Anteilnahme, Wertschätzung, Mitgefühl und Vergebung, werden seit jeher mit Verwandlung in Verbindung gebracht. Diese tief empfundenen positiven Emotionen erzeugen den physiologischen Zustand einer Kohärenz des Herzens, der Ihnen eine größere Kraft verleiht, die Änderungen herbeizuführen, die Sie für sich erreichen möchten. Die Aktivierung Ihrer Herzenskraft ist keine Patentlösung, mit der Wut, Ärger oder Frustration über Nacht zum Verschwinden gebracht werden können, aber sie ermöglicht Ihnen, Dinge zu tun, die Ihnen bisher nicht regelmäßig – oder überhaupt noch nicht – möglich waren.

Menschen, die den Zustand eines kohärenten Herzrhythmus erreichen, berichten häufig von einem Gefühl wachsender spiritueller Verbundenheit. Kohärenz des Herzrhythmus führt zu einer Ausrichtung auf Ihren wahren Geist. Vielleicht spüren Sie bei der Arbeit mit den Herzwerkzeugen und Techniken dieses Buches, dass sich Ihr Herz für ein neues spirituelles Bewusstsein öffnet.

Je nachdem, welchem persönlichen Glaubenssystem Sie anhängen, empfinden Sie vielleicht eine stärkere Verbindung zu Gott, eine größere Einheit mit anderen Menschen oder einen leichteren Zugang zu einer intuitiven Intelligenz oder einem höheren Aspekt Ihrer selbst. Einige Menschen beschreiben ihre Erfahrung als innere Ruhe, die von einem tiefen Gefühl der Sicherheit, des Friedens und der Liebe begleitet ist.

Eine Person, die regelmäßig mit den Herzwerkzeugen arbeitet, schildert folgende Erfahrung: „Du erlebst ein Gefühl tiefen Friedens und innerer Ausgeglichenheit – du bist mit dir selbst, mit anderen und mit deinem größeren Umfeld in Harmonie. Du fühlst dich schwungvoller, vitaler und mehr im Fluss. Deine Sinne sind belebt – du scheinst vielfältiger und strukturierter wahrzunehmen. Intuitiv erkennst du plötzlich praktische Lösungen für Probleme, mit denen deine Gedanken früher wochenlang ruhelos beschäftigt gewesen wären. Deine Kreativität fließt ungehindert."

Die meisten Menschen erleben solche Augenblicke eines erhöhten spirituellen Bewusstseins nur selten und unvorhergesehen und können sie nicht bewusst herbeiführen. Das liegt hauptsächlich an der mangelnden Fähigkeit zu mentaler und emotionaler Selbstbeherrschung. Im Wesentlichen werden die Menschen durch das „innere Geschwätz" und die Inkohärenz, die durch mentale und emotionale Turbulenzen entsteht, davon abgehalten, echte, positive Emotionen zu empfinden und ständig im Zustand einer verstärkten spirituellen Verbundenheit zu bleiben. Für uns als Bewohner dieses Planeten ist es an der Zeit, mehr über das zu lernen, was die Liebe ausmacht, und zu erkennen, welche Kraft sie besitzt, um Veränderungen herbeizuführen.

Der Weg zu größerer Anteilnahme

Die Welt bewegt sich mit halsbrecherischer Geschwindigkeit und die Menschen reagieren darauf, indem sie immer schneller ärgerlich werden. Wohin wir auch schauen, überall sehen wir Inkohärenz und Chaos. Informationen erreichen uns immer schneller und vieles davon ist beunruhigend. Aus einer persönlichen und sozialen Inkohärenz heraus erwachsen jedoch auch neue Möglichkeiten. Aus dem Chaos entsteht Ordnung. Die Menschen gehen in ihr Herz zurück, um dort neue Werte zu finden. Jenseits des emotionalen Chaos findet eine Hinwendung zu mehr Anteilnahme statt.

Eine 2002 in den USA durchgeführte Umfrage ergab, dass die Amerikaner wieder größeren Wert auf Werte legen und sich danach sehnen. Viele haben das Vertrauen in die Politik, die Finanzmärkte und die organisierten Religionen verloren. Skandale haben das Vertrauen in die traditionellen Institutionen ausgehöhlt. Die Menschen definieren neu, was ihnen wichtig ist. Sie wenden sich wieder der Familie, dem Zusammenhalt, der Ausgewogenheit, der Integrität, der Authentizität und der Spiritualität zu.

Wir bezeichnen das als Hinwendung zur Anteilnahme, weil sich die Menschen wirklich nach den Grundwerten des Herzens sehnen. Sie suchen nach der fehlenden Liebe und tieferen Anteilnahme. Diese Qualitäten sind im Herzen jedes Menschen vorhanden. *Der aufrichtige Wunsch danach* führt Sie dorthin. Tief empfundene Anteilnahme öffnet das Herz für ein intuitives Verständnis. Wenn sich Ihr Herz öffnet, bekommt Ihr wahrer Geist oder Ihr höheres Selbst größeren Anteil an Ihrer Art zu sein und sich im Umgang mit anderen Menschen auszudrücken. Es bringt nichts, über die Grundwerte des Herzens einfach nur zu philosophieren oder zu dozieren. Sie müssen im menschlichen Bewusstsein *verwirklicht* werden. Die Liebe verwirklicht sich in tiefer, praktisch gelebter Anteilnahme und das ist etwas anderes als nur gedanklich anzunehmen, man würde lieben.

Das schnelle Tempo unseres modernen Lebens intensiviert das mentale und emotionale Auf und Ab. Die meisten Menschen wollen sich häufiger in ihrem Leben besser fühlen. Das kann durch die tätige Liebe oder tiefere Anteilnahme erreicht werden. Das Herzwerkzeug, mit dem Sie sich selbst Liebe und Mitgefühl zukommen lassen können inmitten in einer Situation, die Ihren Ärger hervorruft oder alte emotionale Geschichten an die Oberfläche bringt, ist eine wirkungsvolle gelebte Zuwendung. Anteilnahme ermöglicht es Ihnen, sich emotional zu entscheiden, ob Sie auf dem alten Weg bleiben oder aufgrund der Herzintelligenz einen neuen Weg einschlagen wollen. Ärger kann sich, wie eine Droge, im Moment gut anfühlen, die Konsequenzen jedoch sind schmerzhaft, es sei denn, man wird durch den anschließenden Energieverlust empfindungslos.

Allen guten Absichten zum Trotz hat der Mensch eine Vorliebe für Negativität – die Tendenz, sich auf negative Gedanken und Emotionen stärker zu konzentrieren als auf Positives oder zumindest Neutrales. Das ist ein sehr reales Phänomen, dem fundierte neurophysiologische Tatsachen zugrunde liegen (Ito et al. 1998). Obwohl die meisten Menschen behaupten, dass sie selbstverständlich lieben, Anteil nehmen und Wertschätzung ausdrücken, wären sie schockiert zu erkennen, in welch großem Ausmaß sie diese Gefühle nur vermeintlich empfinden, anstatt sie wirklich zu fühlen oder zu erfahren. Vielen Menschen ist nicht bewusst, in welchem Umfang ihre innere Landschaft von negativen Mustern beherrscht wird, da die Negativität ihnen so vertraut geworden und so tief in Ihnen verwurzelt ist, dass sie zu einem Teil ihrer Identität geworden ist. Die ununterbrochenen negativen Gefühle und Gedanken entziehen ihnen die Lebensenergie aus ihren emotionalen Reserven, die wieder aufgefüllt werden muss, damit positive emotionale und spirituelle Erfahrungen überhaupt möglich sind.

Aus dem Wissen heraus, dass Sie die emotionalen Gewohnheiten und neuronalen Muster verändern können, die Sie zurückhalten, können Sie spirituelle Hoffnung schöpfen. Sie können Ihr Gehirn für diese Umwandlung neu programmieren. Die alte Überzeugung, dass die Schaltkreise im Gehirn eines Erwachsenen nicht mehr verändert werden können, wurden durch neuere Forschungen widerlegt. Inzwischen ist anerkannt, dass das Gehirn in der Lage ist, neue Verbindungen zwischen seinen Neuronen herzustellen und sich selbst neu zu programmieren. Neurowissenschaftler fanden heraus, dass die Hirnregionen, die am häufigsten benutzt werden, sich buchstäblich ausweiten (Schwartz und Begley 2002a). So sind zum Beispiel bei Violinspielern den Fingern der linken Hand, mit der sie die Saiten spielen, mehr Neuronen zugeordnet als bei anderen Menschen, die ihre linke Hand nicht so häufig gebrauchen. Selbst wenn Sie erst im Alter von 40 Jahren mit dem Violinspiel beginnen, werden Sie durch regelmäßige Übung diese Umorganisation Ihres Gehirns in Gang setzen. Sie müssen nicht einmal physisch üben. Mentale Übung erzeugt eine ebenso große Veränderung. Die Veränderungen, die im Gehirn derjenigen Versuchspersonen produziert wurden, die aufgefordert waren, nur gedanklich zu üben, indem sie ihre Finger nur in der Vorstellung bewegten, waren vergleichbar mit den Veränderungen im Gehirn der Violinspieler, die ihre Finger tatsächlich bewegt hatten (Elbert et al. 1995).

Diese Ergebnisse sind von enormer Bedeutung. Sie weisen darauf hin, dass es, unabhängig davon, worauf Sie sich konzentrieren – seien es negative Gedanken und Ärgerreaktionen oder positive Emotionen –, im Gehirn zu einer Ausweitung des Bereichs kommt, der diesen Aktivitäten zugeordnet ist, wenn die betreffenden Aktivitäten wiederholt durchgeführt werden. Mit anderen Worten: Ihr Gehirn verstärkt alles, was Sie tun. Ein Artikel, der von diesen Ergebnissen berichtet, kommt deshalb zu dem Schluss: „Das Gehirn ist dynamisch und das Leben, das wir führen, hinterlässt seine Spuren in den komplexen Schaltkreisen des Gehirns – Fußstapfen der Erfahrungen, durch die wir hindurchgegangen sind, der Gedanken, die wir gedacht haben, und der Handlungen, die wir unternommen haben. Das Gehirn verteilt seine neuronalen Areale in Abhängigkeit davon, was wir am häufigsten benutzen ... Das Gehirn erneuert sich jedoch auch noch durch etwas viel Flüchtigeres als unser Handeln: Es programmiert sich neu aufgrund dessen, was wir denken" (Schwartz und Begley 2002b). Unsere eigenen Forschungen und Erfahrungen mit den Herzwerkzeugen weisen darauf hin, dass für die Umwandlung neuronaler Muster unsere Gefühle noch wichtiger sind als unsere Gedanken, weil die Gefühle unseren Gedanken zugrunde liegen und sie motivieren.

Die Erde ist ein Planet sowohl der Gefühle als auch der Gedanken, ein Planet des Herzens wie auch des Verstandes. Die Umwandlung alter emotionaler Geschichten und des Ärgers ist der nächste Schritt in der menschlichen Evolution und er ist wichtig für das Überleben auf diesem Planeten. Destruktive Emotionen umzuwandeln erfordert die Kraft des Herzens. Deshalb fällt Techniken, die Sie mit dem Inneren Ihres Herzens verbinden, eine Schlüsselrolle zu. Wenn Sie die Kohärenz Ihres Herzrhythmus verstärken, verbinden Sie sich mit Ihrer inneren Kraftquelle und

Intuition. Sie synchronisiert Ihr Herz und Ihr Gehirn, so dass Sie mehr intuitive Informationen aus Ihrem Geist, Ihrer tieferen Intelligenz übermittelt bekommen. Kohärenz (Liebe) ist ein wissenschaftlich fundiertes, universelles Prinzip zur Steuerung menschlichen Verhaltens. Kohärenz stellt der Psychologie ein neues Paradigma zur Verfügung.

Es ist Zeit, das Herz zu Wort kommen zu lassen

In der modernen Psychologie ist das Herz weitgehend ignoriert, missverstanden oder unter den Teppich gekehrt worden. Man konzentrierte sich auf das Gehirn und den Verstand als die einzigen Fakten, die das Verhalten bestimmen. Nachdem nun die Verbindung zwischen den Emotionen und dem Herzen wissenschaftlich untermauert wurde, ist es an der Zeit, wieder zum Herzen zurückzukehren. Eine Umwandlung der Emotionen und spirituelle Weiterentwicklung können nicht ohne das Herz erreicht und aufrechterhalten werden. Der Verstand allein kann nicht mehr Schritt halten mit der Geschwindigkeit, in der sich die Welt verändert. Nur mit der Intuition des Herzens können Sie spüren, welche Richtung für Sie und Ihre Lieben angemessen ist.

In dem Maße, in dem Veränderungen sich beschleunigen, wird es erforderlich, den Eingebungen des Herzens unmittelbar zu folgen, Wut, Frustrationen und Verärgerungen loszulassen und sich von emotionalen Geschichten zu befreien. Anderenfalls kann sich Ihre eigene Negativität durch die negative Telepathie anderer und durch den Sog eines negativen Umfeldes noch verstärken. Denken Sie daran, dass nichts von dem „emotionalen Kram“, der in ihnen hochkommt, schlecht ist. *Er muss an die Oberfläche kommen, um verwandelt werden zu können.* Sie besitzen jetzt die Werkzeuge, die zur Umwandlung nötig sind. Erkennen Sie, dass die Herzwerkzeuge Ihnen die Kraft geben, sich neu zu entscheiden und nicht auf dem alten eingetretenen Pfad zu bleiben. In dieser Zeit der beschleunigten Veränderungen fördert Ihr Geist alte Themen ans Tageslicht, die Sie ernst nehmen und transformieren sollen – anstatt sie immer wieder durchzukauen oder durchzuarbeiten. Mit Ihrem Herzen werden Sie erkennen, dass es jeweils Ihre Entscheidung ist, in einem akuten Moment mit Wut oder Frustration zu reagieren. Es wird Ihnen möglich sein, den Reaktionsprozess zu verlangsamen und dadurch zu erkennen, dass es ganz bei Ihnen liegt, ob Sie automatisch mit Ärger reagieren oder das Ganze neutralisieren und sich anschließend wohl fühlen. Beide Möglichkeiten stehen Ihnen offen. Je mehr Sie auf die Herzenskraft umschwenken und sich für ein Wohlbehagen entscheiden, desto stärker wird die Verbindung zwischen Ihrem essentiellen Wesen und Ihrem Menschsein. Auch wenn sich die Entscheidung für den Weg des Herzens vielleicht anfangs manchmal peinlich anfühlen mag, wird der Tag kommen, an dem es Ihnen noch peinlicher sein wird, dem Ärger nachgegeben zu haben.

Sobald Sie damit anfangen, die Werkzeuge und Techniken der Herzintelligenz zu benutzen, werden Sie an sich selbst Veränderungen wahrnehmen. Tausende von Menschen haben diese Werkzeuge bereits mit Erfolg zu Hause, am Arbeitsplatz oder in der Schule eingesetzt. Häufig sind die Menschen davon überrascht, wie schnell sie Ergebnisse sehen können. Es ist Zeit, das Herz zu Wort kommen zu lassen. Verbringen Sie Zeit in Ihrem Herzen und entwickeln Sie Ihre emotionalen Fähigkeiten.

Sie können Ihre Fortschritte beschleunigen, indem Sie die schriftlichen Übungen in diesem Buch durchführen, gelegentlich in Ihren Notizen zurückblättern und Ihre Antworten noch einmal nachlesen.

Sollten Sie nicht weiterkommen, stellen Sie Ihrem Herzen die ehrliche Frage: „Was hält mich an dieser Stelle zurück?" Benutzen Sie das Bilanzblatt der Vermögenswerte und Defizite oder ein Freeze-Frame-Arbeitsblatt und Sie werden Antworten erhalten.

Wenn in Ihrem Umfeld, zu Hause oder am Arbeitsplatz viel Negativität herrscht, brauchen Sie eine neue Qualität Ihrer ernsthaften Herzensabsichten, um die Auswirkungen der Negativität auszugleichen oder eine notwendige Veränderung vorzunehmen. Die Neutralisierungstechnik, das Einatmen innerer Haltungen, die Freeze-Frame-Technik und das Intuitive Zuhören sind wirksame Werkzeuge zu Ihrem persönlichen Schutz, die Ihnen helfen, die Negativität Ihres Umfeldes umzuwandeln. Durch ihren Einsatz können Sie Ihre Interaktionen mit anderen Menschen qualitativ verbessern und glücklicher gestalten. Es wird nicht lange dauern, bis Sie diese Werkzeuge automatisch einsetzen, weil sie in Ihre neuronalen Schaltkreise einprogrammiert sind. Die Intuition Ihres Herzens wird leichter fließen und Sie daran erinnern, welches Werkzeug in der jeweiligen Situation angebracht ist.

Nachstehend finden Sie einige Anregungen, die Ihnen helfen können:

Der Start in den Tag: das Dreißig-Minuten-Spiel
Wenn Sie Ihren Tag direkt im Herzen beginnen, besitzen Sie eine ganz andere Kraft, negative Emotionen umzuwandeln, die im Verlauf des Tages auftreten. Sie können sich selbst jeden Morgen mit einem Blitzstart ins Herz versetzen, indem Sie unser so genanntes „Dreißig-Minuten Spiel" spielen.

Gehen Sie morgens beim Aufwachen sofort in Ihr Herz und beginnen Sie mit dem Einatmen innerer Haltungen. Lassen Sie den Atem der

Liebe und Wertschätzung eine ganze Minute lang durch Ihr Herz fließen. Nutzen Sie die ersten dreißig Minuten nach dem Aufstehen, um diese Einstellungen in Ihrem Herzen zu verankern, indem Sie Liebe und Wertschätzung auch während Ihrer morgendlichen Aktivitäten weiterhin durch das Herz und den Solarplexus atmen. Sollten Sie gar nichts Positives empfinden können oder gerade Schwierigkeiten mit sich selbst, Ihrem Partner oder Ihren Kindern haben, atmen Sie stattdessen Mitgefühl. Bemühen Sie sich auf jeden Fall, die Kraft des Mitgefühls zu aktivieren, ganz unabhängig von allem, was sich gerade in Ihnen oder um Sie herum abspielt. Versuchen Sie, dieses Dreißig-Minuten-Spiel ernsthaft und aufrichtig zu spielen, und Sie werden feststellen, dass es Ihnen leichter fällt, während des gesamten Tages emotional in einer ausgeglichenen Haltung zentriert zu bleiben. Dadurch erschaffen Sie sich bereits zu Beginn des Tages einen Referenzpunkt in Ihrem Herzen, auf den Sie im Lauf des Tages jederzeit zurückgreifen können.

Stimmungsschwankungen ausgleichen

Es wird Stunden oder Tage geben, an denen Sie Stimmungsschwankungen erleben werden. In einem Moment empfinden Sie noch Wertschätzung und Freude, im nächsten Augenblick Ärger, Zorn oder Widerstand. Oder Sie fühlen sich ganz plötzlich emotional leer, ausgetrocknet oder lustlos. Das bedeutet nicht unbedingt, dass irgendetwas nicht in Ordnung ist oder dass Sie etwas falsch gemacht haben. Die emotionalen Energien in unserem menschlichen System werden gelegentlich neu eingestellt und dies geschieht in dieser Zeit globaler Veränderungen in extremerer Form. Entscheidend dabei ist, wie Sie mit diesen emotionalen Schwankungen umgehen. Wenden Sie eines der Herzwerkzeuge an, sobald Sie spüren, dass Sie aus dem Gleichgewicht geraten sind. Nehmen Sie eine emotionale Schwankung nicht zu persönlich in der Annahme, Sie hätten etwas falsch gemacht. Das würde nur dazu führen, dass diese Stimmungsschwankung länger andauert. Sie können solche Schwankungsphasen ausgeglichener überstehen, wenn Sie sich stärker darum bemühen, sich mit Ihrem Herzen zu verbinden, und sorgfältiger darauf achten, wann Ihre Einstellung anfängt, zu verblassen.

Seien Sie aufrichtig

Geben Sie Ihrem Herzen oberste Priorität. Das Herz an die erste Stelle zu setzen verlangt einen Einsatz. Sie werden eine solche Verpflichtung sich selbst gegenüber nicht eingehen, weil „es sich gehört", sondern weil es Ihnen Ihre eigene Intelligenz rät. Die Weisheit Ihres eigenen gesunden Menschenverstandes wird Ihnen sagen, dass der Schlüssel zu einem erfüllteren Leben in Ihrem Herzen liegt.

Sich dem Herz verpflichtet zu fühlen bedeutet nicht, dass Sie nie mehr wütend sein werden. Es geht vielmehr darum, wie ernsthaft Ihr Entschluss ist, aus dem Herzen heraus zu handeln und in die Neutralität zu gehen, innere Haltungen einzuatmen oder die Freeze-Frame-Technik einzusetzen. Stellen Sie sich vor, Ihre Emotionen und Handlungen hingen an einem Gummiband, das sich nur ein gewisses Maß dehnen lässt, bevor Sie sich selbst wieder in Ihr Herz zurückholen. Sich verpflichtet zu haben heißt, sich aus den emotionalen Reaktionen zurückzuziehen, bevor das Gummiband zu weit gedehnt wird und so heftig zu Ihnen zurückschnellt, dass es wehtut. Mit einem Werkzeug zu arbeiten heißt nicht, perfekt mit ihm umgehen zu können; es geht vielmehr darum, „sich selbst auf die Schliche zu kommen" – zu verstehen, wie sich der Ärger in Ihnen breit macht, und sich dann aufrichtig anzustrengen, zum Herzen zurückzukehren.

Seien Sie ehrlich mit sich selbst, wenn Sie die Heart Lock-In-Technik durchführen, um Ihre Fähigkeit, im Herzen zu bleiben, zu stärken. Sie werden lernen, die feineren Unterschiede zu erkennen, die zwischen der Stimme aus dem Kopf und der Stimme des Herzens beste-

hen. Außerdem werden Sie Ihre Fähigkeit entwickeln, die Herzensenergien der Liebe, der Wertschätzung, der Aneilnahme oder des Mitgefühls an andere Menschen zu senden. Wenn es dann zu negativen Situationen kommt, sind Sie in der Lage, Herzensenergie auszusenden – nicht, um den anderen Menschen zu verändern, sondern um sich selbst ein Reaktionspolster aufzubauen, damit Menschen und Situationen Ihnen nicht mehr so viel anhaben können.

Üben Sie das Intuitive Zuhören, um zu lernen, nicht nur die Worte, sondern auch das Herz der anderen Menschen zu verstehen. Lernen Sie, die Interessen Ihres Herzens durchzusetzen und Ihre persönliche Wahrheit authentisch mitzuteilen. Das wird Ihnen helfen, sich vor dem emotionalen Gepäck zu schützen, das andere mit sich herumtragen, und kann dazu beitragen, ein Umfeld von Negativität zu verändern.

Schließen Sie Ihren Frieden mit dem, was ist

Mehr Erfüllung im Leben zu finden heißt zu lernen, das kreativ zu verändern, was man ändern kann, und sich mit dem anzufreunden, was unabänderlich ist. Das könnte für Sie dann besonders schwierig werden, wenn Sie zu den Menschen gehören, die schon bei kleinen Unannehmlichkeiten ungeduldig werden, oder wenn hinter Ihrem Ärger und Ihrer Frustration die ausgeprägte Überzeugung steht, das Leben schulde Ihnen etwas und darum seien Sie mit Ihrem Ärger im Recht. Das bestärkt Ihren inneren Aufruhr. Frieden mit dem zu finden, was ist, ist ein mächtiges Werkzeug der Veränderung.

Am meisten emotionale Kraft wird Ihnen von Themen geraubt, die hinter Ihrem Ärger liegen – Themen, mit denen Sie bisher noch keinen Frieden schließen konnten. Das können Dinge sein, die Sie immer wieder aufgewärmt oder resigniert „akzeptiert“ haben, ohne zu dem Gefühl einer echten Lösung oder eines inneren Friedens ge-

langt zu sein. Mit Hilfe der Intelligenz Ihres Herzens können Sie die Resignation ausschalten und den Widerstand, die Starre, die Unsicherheit oder sogar die blanke Angst, die durch die Resignation zugedeckt wurden, umwandeln. Es ist wichtig, diesen Gefühlen und den neuronalen Mustern, in denen sie gespeichert sind, die Kraft des Mitgefühls zu senden. Mitgefühl für sich selbst zu zeigen ist die Realisierung tief empfundener Anteilnahme. Tiefere Anteilnahme und Mitgefühl erleichtern es Ihnen, die Freeze-Frame-Technik anzuwenden oder den Reaktionsprozess zu verlangsamen und objektiver zu erkennen, was hinter Ihrer wütenden Reaktion liegt. Durch das Hinzufügen von Mitgefühl und das Verlangsamen der Rahmenhandlung der Gefühle und Gedanken können Sie selbst dann eine neue neutrale Haltung finden, wenn Ihre Gefühle selbst nicht neutral sind. Üben Sie sich darin, auch dann neutral zu bleiben, wenn Ihre Gefühle verletzt sind. Neutralität öffnet Ihnen ein Fenster zu mehr Objektivität. Ihr Herz kann sich dann mit intuitiven Einsichten dazuschalten. Senden Sie weiterhin Liebe und Mitgefühl zu dem, was sie stört, und das Fenster wird zu einer Tür, durch die Sie mit einem neuen Gefühl der Befreiung hindurchgehen können.

Der erste Schritt besteht darin, den Prozess zu verlangsamen. Der nächste Schritt ist dann, neutral zu werden, um mit allem, was ist, Frieden schließen zu können. Und erinnern Sie sich daran: Neutral zu sein heißt nicht, allem zuzustimmen, sondern mit der Tatsache Frieden zu schließen, dass etwas nun einmal geschehen ist, so dass die Vergangenheit Sie nicht länger gefangen hält. Auf diese Weise erlangen Sie eine Weisheit, die Ihnen vorher nicht zugänglich war.

Ihre neu gefundene Kohärenz gibt Ihnen die Kraft zur Vergebung. Ein verärgerter Rückzug mit dem Gedanken „Es ist halt so“ oder „Ich weiß genau, wie er reagieren wird“ ist eine Falle, die Ihnen Ihre emotionale Vorgeschichte stellt. Kohärenz sorgt für eine Umorganisierung Ihrer neuronalen Schaltkreise und gibt Ihnen die Kraft, zu vergeben, ohne dass alte Widerstände Ihre Gedanken und Gefühle verschleiern. Sie ermöglicht es, einen Schlussstrich unter alte Dissonanzen zu ziehen. Bitten Sie darum, dass Ihnen aufgezeigt wird, an welchen Stellen Sie noch nicht vergeben haben, und wenden Sie dann die Herzwerkzeuge so lange an, bis sich alles vollständig aufgelöst hat, auch wenn das bedeuten sollte, kontinuierlich zu üben und bestimmte Dinge ständig zu wiederholen.

„Bittet, so wird euch gegeben" war über Jahrhunderte der Rat der Philosophen, aber in der Regel verhindert eine zu große emotionale Inkohärenz, dass Menschen auch tatsächlich das hören, was es zu empfangen gäbe. Wenden Sie sich an Ihr Herz mit dem tiefen Verlangen, mehr intuitive Intelligenz und Einsichten Ihres höheren Selbst zu empfangen. Wenn Ihnen dann neue Einsichten zuteil geworden sind, arbeiten Sie ernsthaft daran, diese in Ihrem System zu verankern – nicht nur in Ihrem Denken, sondern auch in Ihren Gefühlen und Handlungen –, so dass sie nicht wieder verloren gehen können. Dieses Verankern bedeutet, die intuitiven Einsichten Ihres Herzens zu würdigen und ihnen gemäß zu handeln, bis sie zu einem Teil Ihrer selbst werden.

Technische Hilfsmittel auf dem Weg zur Intelligenz des Herzens

Ein Feedback-Training für den Herzrhythmus ist ein wirksamer Weg, die Herzwerkzeuge noch gezielter einzusetzen und Ihre Fähigkeit zu verbessern, emotionale Kohärenz aufrechtzuerhalten. Das HeartMath-Institut und die Firma Quantum Intech, Inc. haben technische Geräte entwickelt, die es ermöglichen, die Herzkohärenz objektiv aufzuzeigen. Eines dieser Geräte, der

Freeze-Framer, ist ein interaktives Hardware-Software-System, welches das Muster der Variabilität Ihres Herzrhythmus in genau der Zeit überwacht und aufzeigt, in der Sie die Herzwerkzeuge einsetzen. Ein Fingersensor zeichnet die Welle des Pulschlages auf; dadurch kann der Freeze-Framer Veränderungen in Ihrem Herzrhythmus von Herzschlag zu Herzschlag feststellen. Auf diese Weise können Sie sehr leicht sehen und erfahren, wie sich das Muster Ihres Herzrhythmus verändert, während Sie die Techniken durchführen und so neue Referenzpunkte herausfinden, die Ihnen helfen, in einen kohärenten Zustand überzuwechseln. Das Programm analysiert außerdem das Muster Ihres Herzrhythmus und errechnet für jede Sitzung einen Kohärenz-Quotienten. Ihr Kohärenzniveau wird auf einem Computerbildschirm als aufsummierter Wert dargestellt, der den Erfolg widerspiegelt, den Sie bei einem der drei Bildschirmspiele erreicht haben, die eigens entworfen wurden, um Ihre Fähigkeit zu steigern, emotionale Kohärenz zu erreichen.

Viele Menschen berichten, dass sie durch den Gebrauch des Freeze-Framers in der Lage sind, eine größere emotionale Erfüllung und spirituelle Verbindung in ihrem Alltag zu erfahren. Er lässt sich zu Hause oder am Arbeitsplatz auf Ihrem Computer installieren. Durch die Anleitung zum Aufbau und zum Erhalt der Kohärenz hilft Ihnen der Freeze-Framer schnell *beim Aufbau neuer Energie*, wenn Ihre emotionalen Energiereserven erschöpft sind. Er hilft Ihnen, positive emotionale Energien zur Unterstützung Ihrer höheren kreativen Fähigkeiten anzusammeln, so dass Sie mehr von Ihrem vollen Potential umsetzen können. Am wichtigsten jedoch ist, dass er Sie in die Lage versetzt, sich eine neue innere Grundlage für Kohärenz aufzubauen, so dass Sie immer häufiger ausgeglichener reagieren können – so lange, bis diese ausgeglichene Reaktion zu Ihrer Norm wird. Sie erzeugen und verstärken einen physiologischen Zustand der Kohärenz, und weil diese Kohärenz mit verstärkter Liebe, Anteilnahme, Mitgefühl, innerer Harmonie, Vitalität und dem Fluss des Lebens in Beziehung steht, kann das Feedback des Herzrhythmus auch dazu beitragen, einen inneren Zustand herzustellen, der spirituelle Erfahrungen ermöglicht (Childre und McCraty 2001).

Neue Hoffnung

In dem Maße, in dem sich die Ereignisse in der Welt immer mehr beschleunigen und Unsicherheit bezüglich der Zukunft erzeugen, ist es wichtig, sich daran zu erinnern, dass die Herzwerkzeuge und die technischen Hilfsmittel dazu *die Regulatoren* für die physischen, emotionalen, mentalen, elektromagnetischen und spirituellen Energien sind. Sie sind dazu da, Ihnen dabei zu helfen, den inneren Wirbelwind aufzuhalten und Ihre Energieressourcen rasch wieder umzustrukturieren.

Die Herzintelligenz ist einfach ein wissenschaftlich untermauerter und benutzerfreundlicher Weg, tiefer ins Herz zu gelangen und sich eine innere Kraftquelle zu erschließen, die nur darauf wartet, entdeckt zu werden. Jeder Mensch besitzt diese Quelle. Das hat nichts mit Religiosität zu tun. Es ist einfach die kohärente Kraft des Herzens, die Kraft der Liebe. Haben Sie sich diese erst einmal zunutze gemacht, sind Sie in der Lage, Stress, Wut, Ärger, Frustration und Reizbarkeit abzustellen. Sie erlaubt Ihnen, ein Leben aus dem Herzen zu führen, in Übereinstimmung mit Ihren tieferen Grundwerten.

Die Liebe führt zu einer größeren emotionalen Reife und hilft Ihnen bei der Entwicklung Ihrer intuitiven Intelligenz, mit deren

Unterstützung Sie Ihr Gleichgewicht auch in schwierigen Momenten aufrechterhalten und auf diese Weise auftretende Herausforderungen viel leichter bewältigen können als bisher. Liebe erzeugt Hoffnung und erlaubt Ihnen den Vorgeschmack einer Zukunft, in der die Menschen größere Anteilnahme füreinander entwickeln und die Grundwerte des Herzens verwirklichen. Wir sind bereits auf diesem Weg. Die Werkzeuge der Herzintelligenz werden in Kliniken und Hospitälern eingesetzt, in Sitzungssälen von Firmen und Dienstleistungszentren, in Abteilungen der Polizei und der Feuerwehr und in Schulen. Dazu schrieb uns die fünfzehnjährige Shante, nachdem sie gelernt hatte, mit Hilfe der Werkzeuge den Ärger in ihrer Schulklasse in den Griff zu bekommen: „Ich habe viel darüber gelernt, wie man aus tiefstem Herzen zuhört. Ich habe gelernt, die kleinen Dinge wertzuschätzen. Ich habe gelernt, an anderen Menschen Anteil zu nehmen, Menschen zu vergeben, keinen Groll festzuhalten und nicht nachtragend zu sein, weil das eine Menge Stress bereitet. Mit diesen Werkzeugen lernst du, die Fehler der anderen zu akzeptieren und zu erkennen, dass sie auch nur Menschen sind und dass niemand perfekt ist, du selbst am allerwenigsten."

Wagen Sie es, sich mit Ihrem Herzen zu verbinden. Wagen Sie es, die in diesem Buch vorgestellten Techniken einzusetzen und zu beobachten, was geschieht. Sie helfen damit nicht nur sich selbst und Ihren Lieben und denen, die Ihnen anvertraut sind, sondern auch der Welt, in der Sie leben. Es geht nicht darum, perfekt zu sein, es geht vielmehr darum, wirklich ehrlich zu sich selbst zu sein und zu entdecken, dass Sie die Kraft besitzen, sich selbst zu verwandeln und neue Hoffnung aufzubauen.

Der Freeze-Framer

Das interaktive Lernprogramm Freeze-Framer® hilft Ihnen dabei, Ihre Emotionen auszugleichen und Ihren Ärger in den Griff zu bekommen. Das Programm macht sichtbar, wie Ihre Gedanken und Emotionen Ihr Herz und Nervensystem beeinflussen. Wenn Sie wütend oder gestresst sind, wird Ihr Herzrhythmus unregelmäßig und inkohärent. Während Sie die Techniken der Herzintelligenz anwenden, um in einen positiveren Gemütszustand zurückzugelangen, verändert sich auch Ihr Herzrhythmus hin zu einer gleichmäßigen, wellenförmigen Struktur. Die Tatsache, dass Sie diese Veränderung auf dem Monitor verfolgen können, erleichtert das unmittelbare Verknüpfen des kohärenten Herzrhythmus mit dem ruhigen, friedlichen Gefühlszustand, in dem Sie sich befinden.
Auch in Europa wird der Freeze-Framer inzwischen mehr und mehr von Einzelpersonen, in Unternehmen und bei Ärzten und Therapeuten eingesetzt. Im deutschsprachigen Raum ist er über folgende Adresse zu beziehen:

VAK Verlag
Eschbachstr. 5
79199 Kirchzarten
Tel. (++49)-(0)7661/9871-54
E-Mail: info@vakverlag.de
www.herzintelligenz.de

Weitere Informationen und Seminare zur Herzintelligenz

Hinweise auf Übungsprogramme, Videos und Broschüren erhalten Sie – in englischer Sprache – beim

HeartMath Institute
HeartMath LLC
14700 West Park Avenue
Boulder Creek, CA 95006
USA
www.heartmath.com

Literatur

Bücher zum Thema Herzintelligenz

Childre, Doc (2003): Die Herzintelligenz entdecken. Das Sofortprogramm in fünf Schritten, Kirchzarten (VAK Verlags GmbH).
Childre, Doc/Martin, Howard (2000): Die Herzintelligenz-Methode. Grundlagen, Anwendungen, Perspektiven, Kirchzarten (VAK Verlags GmbH).
Childre, Doc (2000): Immer dem Herzen nach. Ein Ratgeber für Eltern, Kirchzarten (VAK Verlags GmbH).
Childre, Doc (2000): Kannst du mit dem Herzen sehen? Mit Kindern die Herzintelligenz entdecken, Kirchzarten (VAK Verlags GmbH).
Childre, Doc (2000): Kopf oder Herz? Lifeguide für Teens, Kirchzarten (VAK Verlags GmbH).
Childre, Doc/Cryer, Bruce (2000): Vom Chaos zur Kohärenz, Kirchzarten (VAK Verlags GmbH).

Quellen

Die im Text zitierten Bücher und wissenschaftlichen Untersuchungen sind nur in englischer Sprache verfügbar.

American Heart Association (2001): 2002 Heart and Stroke Statistical Update, Dallas (American Heart Association).
Armour, J. A./Ardell, J. L. (Eds.) (1994): Neurocardiology, New York (Oxford University Press).
Barrion-Choplin, B./McCraty, R./Atkinson, M. (1999): The effect of employee self-management training on personal and organizational quality. Boulder Creek/CA (HeartMath Research Center, Publication No. 99-083).
Childre, Doc/McCraty, R. (2001): Psychophysiological correlates of spiritual experience, Biofeedback 29 (4): pp.13–17.
Clifton, J. K. (2002): Winning business in the emotional economy, Gallup Management Journal, September 18.
Daniels, C. (2002): The last taboo, Fortune, October 28.
Elbert, T./Pantev, C./Wienbruch, C./Rockstroh, B./Taub, E. (1995): Increased cortical representation of the fingers of the left hand in string players, Science 270 (5234), pp. 305–307.
Ferguson, A. (1998): Road rage, Time magazine, January 12, pp. 44–48.
Frysinger, R. C./Harper, R. M. (1990): Cardiac and respiratory correlations

with unit discharge in epileptic human temporal lobe, Epilepsia 31, pp. 162–171.
Gallacher, J. E./Yarnell, W./Sweetnam, P. M./Elwood, P. C./Stansfeld, S. A. (1999): Anger and incident heart disease in the Caerphilly study, Psychosomatic Medicine 61 (4), pp. 446–453.
Girardet, E. (1999): Survey: One in four employees feels angry at work, Associated Press, Chicago, August 10. Citing D. Gibson and S. Barsade (1999): The experience of anger at work, paper presented at the Academy of Management Annual Meeting, August 6–11, Chicago/Ill.
Huggins, C. E. (2002): Marriage-related anger can hurt wife's health, Reuters Health, October 8.
Ironson, G./Taylor, C. B./Boltwood, M./Bartzokis, T./Dennis, C./Chesney, M./Spitzer, S./Segall, G. M. (1992): Effects of anger on left ventricular fraction in coronary artery disease, American Journal of Cardiology 70 (3), pp. 281–285.
Ito, T. A./Larsen, J. T./Smith, N. K./Cacioppo, J. T. (1998): Negative information weighs more heavily on the brain, Journal of Personality and Social Psychology 75 (4), pp. 887–900.
Kelleher, K. J./McInerny, T. K./Gardner, W. P./Childs, G. E./Wasserman, R. C. (2000): Increasing identification of psychosocial problems: 1979–1996, Pediatrics 105 (6): pp. 1313–1321.
King, P. (2002): Why stress tips the scales, Los Angeles Time, April 22.
Lacey, L./Lacey, B. (1970): Some autonomic-central nervous system interrelationships. In: Physiological Correlates of Emotion, by P. Black, New York, Academic Press.
Lampert, R./Baron, S./McPherson, C. A./Lee, F. A. (2002): Long-reaching effects of terrorism: Altered heart rate variability during and after September 11, 2001. Pacing and Clinical Electrophysiology 25 (4, Part 2), p. 630.
Luskin, F. (1999): The effects of forgiveness training on psychosocial factors in college-age adults, Ph.D. diss., Counseling Psychology, Stanford University.
Maccoby, M. (1976): The head and the heart. In: The Gamesman, New York, Simon and Schuster.
Matthews, K. A./Owens, J. F./Kuller, L. H./Sutton-Tyrell, K./Jansen-McWilliams, L. (1998): Are hostility and anxiety associated with carotid atherosclerosis in healthy postmenopausal women? Psychosomatic Medicine 60 (5): pp. 633–638.
McCraty, R. (2002b): Influence on cardiac afferent input on heart-brain synchronization and cognitive performance, International Journal of Psychophysiology 45 (1–2), pp. 72–73.
McCraty, R./Atkinson, M./Tiller, W. A./Rein, G./Watkins, A. D. (1995): The effects of emotions on short term heart rate variability using power spectrum analysis, American Journal of Cardiology 76 (14), pp. 1089–1093.

McCraty, R./Atkinson, M./Tomasino, D. (2001): Science of the Heart, Boulder Creek/CA: HeartMath Research Center, Publication No. 01-001.
McCraty, R./Atkinson, M./Tomasino, D./Tiller, W. A. (1998): The electricity of touch. In: Brain and Values, ed. K. H. Pribram, Mahwah/N.J.: Lawrence Erlbaum Associates.
McCraty, R./Barrios-Choplin, B./Rozman, D./Atkinson, M./Watkins, A. D. (1998): The impact of an new emotional self-management program on stress, emotions, heart rate variability, DHEA and cortisol, Integrative Physiological and Behavioral Science 33 (2), pp. 151–170.
McCraty, R./Childre, D. (2004): The grateful heart. In: The psychology of gratitude, ed. R. A. Emmons/McCullough M. E.: New York, Oxford University Press.
Mittleman, M. A./Maclure, M./Sherwood, J. B. et al (1995): Triggering of acute myocardial infarction onset by periods of anger, Circulation 92 (7), pp. 1720–1725.
Potter-Efron, R. (1994): Angry All the Time, Oakland/CA: New Harbinger Publications.
Pribram, K. H. (1991): Brain and Perception, Hillsdale/N.J.: Lawrence Erlbaum Associates.
Pribram, K. H./Melges, F. T. (1969): Psychophysiological basis of emotion. In: Handbook of Clinical Neurology, ed. P. J. Vinken/Bruyn, G. W., Amsterdam: North-Holland Publishing Company.
Rein, G./Atkinson, M./McCraty, R. (1995): The physiological and psychological impacts of compassion and anger, Journal of advancement in Medicine 8 (2), pp. 87–105.
Rosch, P. J. (1997): Working moms – more stress, but worth it, Health and Stress: The Newsletter of the American Institute of Stress, No. 1, pp. 5–7.
Rosenthal, N. E. (2002): The Emotional Revolution: How the Science of Feelings Can Transform Your Life, New York: Citadel Press.
Schwartz, J. M./Begley, S. (2002a): The Mind and the Brain, New York: ReganBooks.
Schwartz, J. M./Begley, S. (2002b): Parts of brain used most expand, rewire on demand, Wall Street Journal, October 11.
Siegman, A. W./Townsend, S. T./Blumenthal, R. S. et al (1998): Dimensions of anger and CHD in men and women, Journal of Behavioral Medicine 21 (4), pp. 315–336.
Steinberg, J. S./Arshad, A./Kowalski, M. et al (2002): The World Trade Center attack: Effects on the occurrence of life-threatening ventricular arrhythmias, Pacing and clinical Electrophysiology 25 (4, Part 2), p. 587.
Tiller, W. A./McCraty, R./Atkinson, M. (1996): Cardiac coherence: A new, noninvasive measure of autonomic nervous system order, Alternative Therapies in Health and Medicine 2 (1), pp. 52–65.

Umetani, K./Singer, D. H./McCraty, R./Atkinson, M. (1998): Twenty-four hour time domain heart rate variability and heart rate, Journal of the American College of Cardiology 31 (3), pp. 593–601.